AF297228

LES

ENFANTS NATURELS

DEVANT

LA LOI FRANÇAISE

PAR

Georges PRIER,

Docteur en Droit.

> « Les père et mère ont des devoirs
> « d'autant plus grands envers leurs
> « enfants naturels, qu'ils ont à se
> « reprocher leur infortune. La loi a
> « seulement été obligée de poser des
> « bornes au-delà desquelles l'institution
> « du mariage serait compromise. »
>
> (Discours de M. Bigot de Préameneu,
> sur l'article 334.)

ROUEN

IMPRIMERIE E. CAGNIARD,

Rues Jeanne-Darc, 88, et des Basnage, 5.

1871.

LES
ENFANTS NATURELS

DEVANT

LA LOI FRANÇAISE

PAR

Georges PRIER,

Docteur en Droit.

4031

> « *Les père et mère ont des devoirs*
> « *d'autant plus grands envers leurs*
> « *enfants naturels, qu'ils ont à se*
> « *reprocher leur infortune. La loi a*
> « *seulement été obligée de poser des*
> *bornes au-delà desquelles l'institution*
> « *du mariage serait compromise.* »
>
> (Discours de M. Bigot de Préameneu,
> sur l'article 334.)

ROUEN

IMPRIMERIE E. CAGNIARD,

Rues Jeanne-Darc, 88, et des Basnage, 5.

1871.

INTRODUCTION HISTORIQUE

Le mariage est la base nécessaire de toute réunion humaine ; source de la famille, il est l'élément générateur de la société, mais c'est à condition qu'il repose sur des règles fixes, qu'il soit placé sous la protection de la loi, entouré d'honneurs et de prestiges qui le mettent à l'abri de toute atteinte et en garantisse l'institution. Les législateurs, d'accord avec la religion, l'ont toujours compris ainsi, et ont tendu vers ce but en proscrivant notamment toute union de l'homme et de la femme formée en dehors du mariage. Les Hébreux cherchent à empêcher la naissance des enfants naturels, et nous voyons au Deutéronome la proscription de toute liaison formée en dehors de l'hymen. Toutefois, la loi mosaïque s'arrête à cette proscription et n'en fait pas peser les effets sur l'enfant qui a été engendré à son mépris ; elle accorde à l'enfant naturel les mêmes droits qu'à l'enfant légitime, mettant ainsi en pratique bien des siècles à l'avance cette parole du regretté professeur, M. Bugnet, à son cours : « Triste morale, que celle qui consiste à punir l'innocent « pour prévenir l'acte coupable auquel il doit le jour. » Nous verrons qu'il n'en a point été ainsi dans des législations plus modernes.

Il ne semble pas non plus que les premiers Grecs aient mis une différence entre les bâtards et les enfants légitimes ; c'est depuis à Sparte et à Athènes que nous voyons les premiers déclarés infâmes : « C'est un nom infâme d'être bâtard, mais la nature le rend égal, » dit Euripide. La loi athénienne refuse aux bâtards tout droit de famille, tout droit de successibilité : *Neque enim nothi heredes scribi possunt.* Ils ne peuvent porter le nom de leur père ni même le contraindre à les nourrir. Toutefois, l'adoption élève le bâtard au rang d'enfant légitime.

DROIT ROMAIN.

La base de la société romaine n'est pas le mariage ; l'effet de celui-ci est purement naturel au point de vue des liens qu'il crée ; la puissance paternelle seule en re liant entre eux par l'agnation ceux qui y sont soumis, crée la parenté civile. Aussi voyons-nous le législateur romain admettre le concubinat, union illégale mais licite qu'il place sans doute bien au-dessous du mariage légitime (*justæ nuptiæ*) mais à laquelle il attache néanmoins certaines prérogatives civiles (1).

C'est que les empêchements au *connubium* étaient nombreux, sans parler de ceux qui résultaient de la parenté et de l'alliance ; aussi, dit Justinien : *Sunt et aliæ personæ, quæ propter diversas rationes nuptias contrahere prohibentur, quas in libris Digestorum seu Pandectarum ex veteri jure collectarum emunerari permisimus. (Instit. § II de Nupt.)* Ainsi la première prohibition nous apparaît dans les *Douze Tables* qui défendent le mariage entre patriciens et plébéïens, prohibition supprimée par la loi Canuleia l'an 310 de Rome. Le mariage reste prohibé entre ingénus et affranchis. Puis, sous Auguste, la loi Julia *de maritandis ordinibus*, complétée par la loi Papia Poppœa, établit des

---

(1) L'union entachée de corruption ou de violence sur une personne honnête, ou formée entre personnes mariées, entre parents ou alliés au degré prohibé, n'était plus un concubinat mais un *stuprum, adulterium, incestum*. Nous ne nous occuperons ici que du concubinat et de ses effets par rapport aux enfants qui en sont issus.

règles nouvelles en matière de mariage. Justinien, qui avait des raisons personnelles pour modifier ces règles, surtout en ce qui concernait la prohibition de mariage entre les personnes illustres et les comédiennes *(quæ scenicis ludis sese immiscuerunt)* supprime complètement cette prohibition dans la Novelle 117, ch. VI, se bornant à exiger un *instrumentum dotale* pour constater l'union.

D'un autre côté, un tuteur, un curateur, ne pouvait épouser sa pupille à moins qu'elle n'eût vingt-six ans accomplis ; cette prohibition s'étendait au fils du tuteur, du curateur, à moins qu'elle ne lui eût été fiancée par son père ou destinée par testament.

Il était encore défendu au citoyen investi d'une fonction dans une province de prendre une épouse dans cette province. Enfin, sous les empereurs chrétiens, le mariage fut prohibé avec les juifs. Une constitution de l'empereur Constance défend à ceux-ci : « *Ne christianas mulieres suis jungant flagitiis.* » Les empereurs Valentinien, Théodose et Arcadius, étendant cette prohibition, défendent tout mariage entre deux personnes dont l'une serait juive et l'autre chrétienne.

On comprend qu'en présence de ces prohibitions si nombreuses édictées aux diverses époques de l'histoire romaine, les unions illégales dussent être nombreuses et

que les jurisconsultes aient dû compter avec elles. De là
l'admission du concubinat. — Cette union donnait à la
femme et à l'homme une maison, une table, un lit communs, sans élever la femme aux dignités et aux honneurs
de son mari ; aux enfants qui en naissaient, un père certain sans accorder à ce père la puissance paternelle, aux
enfants les droits des descendants légitimes. Enfin, cher-
chant à maintenir la femme dans les bornes de la pudeur,
appanage de son sexe, les jurisconsultes plaçaient la
femme qui, bien qu'ingénue et d'une classe honnête, se
livrait comme concubine au rang des femmes vivant hon-
teusement : *Probrum intelligitur etiam in his mulie-
ribus esse, quæ turpiter viverent, vulgò que quæstum
facerent, etiam si non palam*, dit Marcellus. *(Dig.,*
l. xxiii, t. ii, § 41.) Et le concubinat, dans ce cas, devait
être attesté par un acte formel, sans quoi il y eut eu
Stuprum.

Maintenant quelle est la condition de l'enfant issu du
concubinat ? *Naturales liberi* ; ils ont un père et une
mère certains, quant au *status* ils sont assimilés à l'enfant légitime ; ils naissent libres, citoyens romains, aptes
aux fonctions publiques. Cependant, ils sont loin d'avoir
des droits égaux à ceux des enfants légitimes qui seuls
sont unis par la parenté civile ou agnation, résultat des
justæ nuptiæ. Aussi le Droit romain n'appelle-t-il à
l'hérédité *ab intestat* que les héritiers siens, descen-

dants soumis à la puissance paternelle et les agnats. L'enfant naturel, lui, n'étant pas soumis à la puissance paternelle naît *sui generis*, il commence une famille, il n'a donc aucun droit de succession à prétendre, à moins cependant que les auteurs de ses jours ne l'instituent héritier.

Tel était le droit civil dans sa rigueur primitive, mais nous allons voir le droit honoraire faire disparaître peu à peu en ce qui touche les enfants naturels, comme pour tout le reste, cette sévérité de la loi en éludant ses principes et sans l'abroger formellement. Ainsi le préteur, au lieu de laisser tomber la succession en déshérence par le manque d'agnats, appelle un troisième ordre de sa création ; celui des cognats, parents unis par les liens du sang. Les enfants naturels sont appelés dans cet ordre à la succession de leur mère et parents maternels, soit seuls, soit en concours avec des enfants légitimes. Les enfants naturels ayant un père certain, semblent, bien que le texte ne le dise pas, être appelés également par le préteur au rang de cognat dans la succession de leurs parents paternels (1). Puis le sénatus-consulte Orphitien appelle les enfants sans distinction entre les légitimes et les naturels à la succession de leur mère par réciprocité du sénatus-

(1) Voy. M. Ortalan, *Explication historique des Institutes*, t. III, n° 1073.

consulte Tertullien, qui avait admis la mère, mais non l'aïeule, à la succession de son enfant. Les Constitutions étendirent ce droit de succession à l'hérédité de l'aïeule.

Ainsi, de par l'autorité des prêteurs, l'enfant naturel avait, par rapport à sa mère, une position égale à celle de l'enfant légitime, mais, par rapport à son père et à ses parents paternels, tout droit lui fut refusé par les empereurs chrétiens qui, pleins d'aversion pour le concubinat, cherchèrent à l'anéantir. Justinien fut le premier qui appela les enfants naturels à l'hérédité de leur père décédé sans enfants ni épouse légitime, mais pour un sixième seulement (Novelle 89. C. 12 § 4.)

Les empereurs, à commencer à Constantin, avaient restreint dans des bornes fort étroites la faculté, d'abord sans limite, de disposer, à titre gratuit, en faveur de ses enfants naturels (1); Justinien (Cod. L. 8 nat. lib.) permet d'abord au père de laisser à ses enfants naturels et à leur mère, sa concubine, la moitié de ses biens, lorsqu'il ne laisse ni enfants légitimes ni mère. Faisant un pas de plus (Nov. 18. Cap. 5), il laisse au père, qui a des enfants légitimes, la faculté d'instituer ses enfants naturels pour un douzième qu'ils partagent avec leur mère; s'il n'a point d'enfants légitimes, il peut donner la moitié de ses biens à ses enfants naturels et à leur mère.

____

(1) Voy. L 1. Cod. Théod. Nat. lib. —L. 2. C. Théod. nat. lib.

Enfin, il va plus loin encore (Nov. 89. Cap. 12 et 15), le père qui décède sans postérité légitime peut laisser tous ses biens, sauf la légitime, à ses enfants naturels et à leurs mère; le droit de celle-ci est fixé, dans tous ces cas, à une portion virile. Justinien décide encore que, si l'aïeul n'a pas de descendants légitimes, il peut laisser tous ses biens à ses petits-fils naturels ou légitimes, nés de son fils naturel; s'il a des descendants légitimes, son incapacité est semblable à celle du père naturel. Cette décision trancha une question qui, jusqu'alors avait été, parmi les jurisconsultes, l'objet de vives controverses.

Quant à ce qui touche à l'adoption, il fut longtemps permis au père d'adopter son enfant naturel; les empereurs chrétiens lui enlevèrent cette faculté qui lui fut rendue par Anastase; mais Justin abroge pour l'avenir la constitution de cet empereur : *In posterum omnes sciant, legitimis matrimoniis, legitimam sibi posteritatem querendam, nisi prædicta constitutis lita non esset. Injusta namque libidinum desideria nulla de cætero venia defendet..... non adrogationum vel adoptionum prætextus.* L. 7. Cod. nat. lib. V. Nov. 89. Cap. 3. — Justinien maintint cette abrogation.

Le droit civil n'avait imposé l'obligation de nourrir et d'élever leurs enfants qu'aux époux, la jurisprudence vient encore au secours des enfants naturels. La loi 5 §, 4 *de agnoscendis et alendis liberis* prescrit à la femme publique l'obligation d'alimenter son enfant (1). Enfin plusieurs Novelles (Nov. 18. Cap. 5, Nov. 89. Cap. 12, § 4) ayant obligé l'héritier du concubin à nourrir l'enfant naturel, le concubin fut tenu de l'alimenter de son vivant.

Le droit dont nous venons de donner un aperçu, subsista jusqu'à l'empereur Léon. Cet empereur supprima le concubinat ; dès lors les enfants naturels furent, selon Cujas, compris dans la classe des *vulgò concepti* sans capacité de recevoir à titre gratuit de leur père, sans vocation *ab intestat* dans sa succession ; ils n'eurent que le droit de lui demander des aliments, mais leur filiation étant certaine, il pouvaient être légitimés.

Nous allons étudier les moyens donnés par le Droit romain au père d'assurer les droits d'enfants légitimes à son enfants naturel, en le soumettant à sa puissance paternelle.

DES LÉGITIMATIONS EN DROIT ROMAIN.

Instit. L. I. Tit. X. § 13.

La famille romaine, nous le savons déjà, n'est pas fondée principalement sur le mariage, elle est fondée

(1) *Ergò et matrem cogemur præsertim vulgò quæsitos liberos alere.* (Dig. L. XXV T, III. L. 5, § 4.)

sur la *puissance*. De cette *puissance* du chef, découle tous les droits de ceux qui y sont soumis ; sort-on de cette puissance, ces droits disparaissent, ils prennent naissance, au contraire, avec elle.

La légitimation (nous emploierons ce mot, bien qu'il ne soit pas romain) est donc avant tout l'acquisition de la puissance paternelle sur un enfant qui n'y était pas soumis au moment de sa naissance. *Aliquando evenit ut liberi qui, statim ut nati sunt, in potestatem parentum non sunt, posteà tamen redigantur in potestatem*, nous dit Justinien après Gaïus (1).

Sous la République, aucun acte n'avait eu ce but spécial. Il est vrai que, lorsque le droit de cité était accordé à un pérégrin, ses enfants étaient dès lors réputés issus de justes noces et passaient sous la puissance paternelle, mais c'était là, avant tout, un accessoire du droit de cité accordé. La loi *Elia Sentia* et la loi *Julia*, sous Auguste, introduisirent quelques modes pour faire entrer, sous la puissance de leur père, les enfants qui n'y étaient pas. Ces modes nous les trouvons développés dans Gaïus (S. I, § 66 et suiv.) C'étaient :

(1) On comprend, d'après cela, que la légitimation ne peut avoir d'effets juridiques qu'entre le père et l'enfant. Elle ne saurait influer sur les rapports de celui-ci avec sa mère. A l'égard de la mère, il ne peut y avoir différentes classes d'enfants.

La *causæ probatio* : l'affranchi latin qui avait pris
une femme déclarant devant témoin qu'il la prenait dans
le but d'avoir des enfants *liberorum quærendorum
causá*, et avait ensuite un fils ou une fille, pouvait, dès que
cet enfant avait atteint l'âge d'un an *(anniculus factus)*,
se presenter devant le prêteur, lui prouver le motif pour
lequel il s'était uni à la mère *(causam probare)* et alors
il devenait citoyen romain ayant droit de puissance sur
son enfant qui devenait légitime.

C'était encore : l'*erroris causæ probatio :* le citoyen
romain qui, par erreur, avait épousé une affranchie latine,
une étrangère ou réciproquement, pouvait, s'il était né
des enfants de cette union, prouver son erreur ; cette
union devenait alors de justes noces, et la puissance paternelle prenait naissance.

Mais ces modes, on le voit, étaient particuliers à certains cas, ils se rattachaient aux droits de cité et à la
législation des affranchis, ils tombèrent en désuétude
avec celle-ci.

C'est sous les empereurs chrétiens que nous voyons
réglementée d'une manière générale la légitimation proprement dite, celle dont nous avons à nous occuper.

Les *Institutes* de Justinien font mention de deux modes
de légitimation : *qualis est is qui, dum naturalis fuerat,
posteà curiæ datur, potestati patris subjicitur; nec non*

is qui a muliere libera procreatur, cujus matrimonium minime legibus interdictum fuerat, sed ad quam pater consuetudinem habuerat, posteà ex nostra constitutione, dotalibus instrumentis compositis in potestate patris efficitur.

A ces deux modes : l'*oblation à la curie* et le *mariage subséquent*, nous verrons que Justinen, par ses Novelles, en ajouta deux autres.

I. — *Légitimation par oblation à la Curie.*

Les curiaux formaient le premier ordre de la ville, jouissaient de plusieurs priviléges, mais aussi avaient à supporter de lourdes charges. A eux incombait celle de faire rentrer les impôts dont ils répondaient sur leurs biens. On conçoit, d'après cela, que pour être membre de la Curie, il fallait jouir d'une certaine fortune, et comme les honneurs attachés au titre de curial ne compensaient pas suffisamment la responsabilité et les dépenses qu'il entraînait, nous voyons les empereurs s'efforcer, dans leurs constitution, d'en exagérer le prestige; nous voyons aussi d'autre part les empereurs Constance et Constant décider que celui qui possède une certaine fortune, ne peut se refuser à faire partie de la Curie.

La légitimation par *oblation à la curie* fut donc organisée en 422 par les empereurs Théodose et Valentinien, dans le but de venir en aide au recrutement des Curiaux. *Si quis naturalem*, dit la constitution de ces empereurs, *duntaxat fecunditatem sortiatur, sui liber ipse, seu curiæ sit nexibus obligatus, et tradendi filios naturales, vel omnes, vel quos quem que maluerit, ejus civitatis curiæ undè ipse oritur, et in solidum heredes scribendi liberam ei concedimus facultatem.*

Théodose et Valentinien permirent donc au citoyen, curial ou non, qui n'avait que des enfants naturels de les légitimer en les offrant à la curie de sa ville, et en conséquence de leur donner, par donation ou par testament, même la totalité de ses biens; ils décidèrent aussi que si une fille naturelle épousait un curial, elle deviendrait par là capable de recevoir même la totalité des biens de son père. *Quid enim interest*, disent-il, *utrum per filios aut per generos commodatibus civitatum consulatur? et utrum novos lex faciat curiales, aut foveat quos invenit?*

Théodose et Valentinien exigeaient que le citoyen qui offrait son enfant naturel à la curie, n'eut pas de postérité légitime; cette exigence fut supprimée par Justinien: *quoniam omni modo favendum est curiis civitatum.* (L. 9, § 3 de natur., lib.)

Mais remarquons bien que les effets de cette légitimation ne se produisent qu'entre l'enfant et le père qui l'a légitimé ; l'enfant n'acquiert aucun droit vis-à-vis de sa mère ni les parents de celle-ci, non plus que vis-à-vis des parents de son père.

Nous voyons dans la Novelle 89 que l'enfant naturel dont le père est mort sans postérité légitime, peut s'offrir lui-même à la curie et devenir ainsi légitime et curial.

II. — *Légitimation par mariage subséquent.*

Ce mode de légitimation fut introduit par Constantin ; (an 335 de J.) C. La constitution de cet empereur ne nous est point parvenue. L'empereur Zénon (an 476) renouvela la constitution de Constantin et décida que ceux qui avaient actuellement des enfants naturels pourraient ; *si voluerint eas uxores ducere quœ anteà fuerant concubinœ,* acquérir la puissance paternelle sur ces enfants, mais il déclara en même temps que cette légitimation ne pourrait s'appliquer qu'aux enfants existant déjà lors de la publication de sa loi ; son but était d'engager les personnes vivant en concubinat à se hâter de contracter mariage.

Plus tard en 508 une constitution d'Anastase établit en principe général ce mode de légitimation et Justinien le consacra dans sa législation sans aucune restriction quant à la durée.

Quelles étaient maintenant les conditions nécessaires pour que la légitimation par mariage subséquent eut lieu?

Il ne suffisait pas seulement qu'il y eût mariage valable, il fallait encore que le mariage fût possible lors de la conception de l'enfant. C'est ainsi que Justinien nous dit au § XIII du titre *de Nuptiis* : *matrimonium minimè legibus interdictum fuerat* ; ce que certains commentateurs ont entendu en ce sens que le mariage devait être possible au moment où l'on voulait légitimer l'enfant. Mais ce sens est démenti par Théophile dans sa paraphrase. Il fallait donc qu'au moment de la conception, le *connubium* ne fut défendu par aucune loi entre le père et la mère : *cum quâ poterat habere connubium*, dit la loi 11 C. de nat. lib. De telle sorte que, si un administrateur d'une province avait pris une femme dans cette province, cette union, nous le savons, n'était qu'un concubinat ; les enfants qui en étaient issus ne pouvaient être légitimés bien que le mariage eut lieu, *post depositum officium*. J'en dirai autant des enfants issus de l'union d'un sénateur et d'une affranchie, toutefois nous voyons que dans les *Novelles* 18, cap. 11 et 78, cap. 3, 4, Justinien permet au père de légitimer par le mariage non-seulement l'enfant qu'il aurait eu d'une affranchie, mais même celui qu'il aurait eu de son esclave, pourvu que dans ce cas il n'eût pas déjà des enfants légitimes. C'est une exception à la règle que nous avons vue.

Une seconde condition pour que la légitimation par mariage subséquent put avoir lieu, était qu'il fut dressé un *instrumentum dotale ;* cet acte n'était pas nécessaire à la validité du mariage, mais il l'était à la légitimation ; il fallait bien en effet marquer l'époque où, le concubinat se changeant en justes noces, l'enfant, de naturel qu'il était, passait sous la puissance paternelle et devenait légitime.

Enfin, une troisième condition était que l'enfant consentit à être légitimé *(hoc ratum habuerit)* car on ne pouvait contraindre une personne *sui juris* à passer sous la puissance d'autrui ; ce principe existait déjà dans l'ancien droit et nous lisons dans Modestin : *Inviti, filii naturales vel emancipati non rediguntur in patriam potestatem.* Du reste, je crois qu'il faut admettre qu'il n'était pas nécessaire que l'enfant apportât à sa légitimation un consentement formel, il suffisait qu'il *ne s'y opposât pas.* C'est ce qui avait lieu pour l'adoption et le cas me paraît le même. Un enfant qui, au moment du mariage était *infans*, incapable par conséquent de consentir, se trouvait donc légitimé par le seul fait du mariage de ses père et mère (1).

Nous avons maintenant à expliquer la phrase finale du

(1) Dans notre Droit français, la légitimation de l'enfant s'opère de toute manière, indépendamment de son consentement.

§ XIII qui nous occupe, elle est ainsi conçue : *Quod et aliis liberis, qui ex eodem matrimonio posteà fuerint procreati, similiter nostra constitutio præbuit.*

Ce texte a excité l'imagination des commentateurs qui l'ont généralement regardé comme corrompu ; il leur a paru inutile d'accorder aux enfants, nés après le mariage, une légitimation qu'ils ont de droit. — Diverses corrections ont été proposées. Cujas dit : *Quod etsi alii liberi ex eodem matrimonio fuerint procreati, etc.* Cela voudrait dire que les enfants naturels deviennent légitimes par le mariage lors même que de ce mariage naîtraient plus tard des enfants légitimes. Cette version, qui est du reste raisonnable, me semble purement arbitraire.

Un autre commentateur, Hotman, propose la leçon suivante : *Quod etsi alii liberi nulli ex eodem matrimonio fuerint procreati, etc.* Le sens est ici diamétralement opposé au précédent, le voici : Les enfants naturels sont légitimés par le mariage subséquent, lors même que de ce mariage ne sortirait aucune postérité. Ce que l'on peut dire à l'appui de cette leçon, c'est qu'elle est d'accord avec un autre passage des *Institutes* (§ 2 du titre *De heredit. quæ ab intest. defer.*)

Enfin Bynkersh, ne changeant qu'une lettre au texte, propose: *Quod ut aliis liberis, etc.*, et alors on a ce sens: Ce que notre constitution leur accorde aussi bien qu'aux autres enfants qui naîtraient du même mariage. Cette dernière correction est ingénieuse mais c'est une correction et il faut se garder des corrections inutiles. Or, notre texte ici n'a rien d'inintelligible, ce que Justinien vient nous dire, c'est que sa constitution, en accordant la légitimité par le mariage subséquent aux enfants naturels, en fait profiter également les enfants qui naîtront de ce mariage, car si le père ne s'était marié pour légitimer ses enfants naturels, les enfants qui naissent ensuite, de légitimes qu'ils sont, auraient été *naturales liberi*. Le texte est donc fort clair et doit rester tel qu'il est. Voyez du reste la même idée. (L.L. 10 et 11, C. de nat. lib.) exprimée par Justinien lui-même.

Tout en maintenant le texte : *quod et aliis liberis*, on a prétendu qu'il n'avait en vue que l'enfant conçu avant le mariage mais né depuis, parce que cet enfant avait besoin de légitimation. Cette interprétation me semble purement gratuite ; il s'agit de plusieurs enfants, la phrase est générale, et Théophile dans ses Instituts parle de *plusieurs* enfants nés après ce mariage ; d'ailleurs les termes : *qui ex eodem matrimonio posteà fuerint procreati...* me semblent assez significatifs.

Mais quels sont les effets de la légitimation par mariage subséquent ? Nous avons vu que la légitimation par oblation à la curie ne produisait d'effet qu'entre l'enfant et son père; en est-il de même ici? Je ne le pense pas. L'enfant étant placé sous la puissance de son père, il entre dans sa famille et y acquiert des droits de successibilité. Aucun texte ici ne vient restreindre ses droits et bien plus Justinien lui-même dans la Novelle 89 dit en parlant des enfants légitimés par mariage subséquent: *Semel eos efficientes legitimos damus habere etiam successiones illas quas habent ii qui ab initio legitimi sunt.*

Outre ces modes de légitimation, Justimien introduisit encore par des Novelles postérieures (Voy. la Nov. 74, 89) deux autres modes : la légitimation *par rescrit du prince,* la légitimation *par testament.*

Un homme sans postérité légitime a des enfants naturels qu'il ne peut légitimer par mariage subséquent, soit parce que sa concubine est morte, soit parce qu'elle est indigne du nom d'épouse ; cet homme s'adressera à l'empereur qui prononcera, s'il y a lieu, la légitimation des enfants naturels, *ita ut nihil a legitimis filiis differant* (Nov. 74, Préface.)

Si un père, n'ayant que des enfants naturels, ne les a point légitimés, et qu'il vienne à mourir exprimant dans un testament le désir qu'il le soient, ces enfants pourront s'adresser à l'empereur et obtenir de lui un rescrit permettant leur légitimation.

ANCIEN DROIT FRANÇAIS.

Dans notre ancien droit, nous voyons les Bâtards partager le sort de ceux dont ils sont sortis ; nés de gens du peuple , ils sont pour la plupart abaissés au rang de serfs : issus de grands seigneurs, ils en partagent les honneurs et les dignités : Guillaume le Conquérant s'intitule dans une lettre : « *moi Guillaume surnommé le Bâtard.* » (1) Sous les premières races on voit en effet les bâtards des rois, des seigneurs avoir des droits égaux à ceux des enfants légitimes et même monter sur le trône à l'exclusion de ces derniers. Ceci du reste nous est attesté par une ordonnance de Hugues Capet. « Hugues Capet, considé
« rant, dit Bacquet (*Du Droit de Bâtardise*), le mal qui
« autrefois était advenu à la France de ce que les bâtards
« étant avoués, partageaient également avec les légiti
« mes..... ordonna que de là en avant aucun bâtard ne
« serait avoué en la maison de France, qui pourrait por
« ter le surnom d'icelle, ni l'armoirie, tant fut elle brisée
« comme il est porté par les annales..... A cette époque,
« les bâtards des princes et des nobles cessèrent de leur
« succéder..... pourtant selon l'opinion de plusieurs, par
« la coutume et usance générale de la France, les en
(1) Michelet. *Origines du droit français.*

« fants bâtards de père noble par lui reconnus sont répu-
« tés nobles, peuvent porter le nom et les armes de la
« maison de leur père avec une barre, sont exempts de
« payer tailles et jouissent enfin de tous les priviléges de
« la noblesse. » Nous voyons cependant les coutumes
d'Anjou (art. 384), du Maine (art. 356), de Tours (art.
820) déclarer que quelque fut la noblesse du père, elle
ne passait point au bâtard. Vint l'ordonnance de 1600
dont l'article 25 porte que les bâtards des gentilshommes
sont tenus de payer la taille au roi à moins qu'ils n'aient
obtenu des lettres d'annoblissemeut . L'édit de 1629 (art.
197) confirme les dispositions de l'édit de 1600.

Quant aux bâtards issus de gens du peuple , Loysel
(Inst. coutumières) nous fournit cette règle: « les enfants
nés hors mariage suivent la condition de la mère. » Ainsi,
sont-ils nés d'une femme serve, ils sont serfs ; leur mère
au contraire est-elle franche, ils le sont comme elle. Toutefois cette règle n'était pas suivie par toutes les coutumes
par celles de Beauvoisie entr'autres. Celle-ci, suivant
Beaumanoir , déclare que l'enfant né d'une femme serve
peut être affranchi de la servitude en prouvant qu'il est
bâtard : « Comme il partiroit de riens à lor biens, ne à
lor bone conditions, il ne doit pas partir à lor malvese
conditions ne aus redevances que ils doivent à lor seigneurs. »

Quant aux bâtards nés d'une femme libre, nous ne trouvons en ce temps là aucune trace de servitude pesant sur eux ; quelques auteurs interprétant le silence des lois germaines à leur égard pensent qu'ils étaient dans une condition analogue à celle des enfants naturels en droit romain.

Mais en arrivant à l'époque où le droit devient coutumier, nous trouvons de grandes différences dans la condition des bâtards selon les divers pays. Dans les uns, ils sont libres, dans les autres ils sont presque serfs, soumis aux droits de chevage et de formariage ; ne pouvant tester fors 5 sols, leurs biens appartiennent au seigneur ou au roi par droit de déshérence (1). Mais il paraît bien que

(1) Bacquet (du droit de Bâtardise) nous apprend ce qu'étaient les droits de *chevage* et de *formariage* : « Aussi ancienne- « ment les bâtards étaient tenus de bailler chaque an au collec- « teur des mortes-mains leurs noms et surnoms, et payer au roi « chaque an au jour de St-Remy douze deniers parisis, sous « peine de sept sols six deniers parisis d'amende. Ce droit était « appelé chevage, parce que chacun chef marié ou veuf était « tenu de la payer. Aussi anciennement que les esclaves, les bâ- tards ne pouvaient se marier en France sinon à leur semblable « et de condition pareille sans encourir le droit de formariage « qui était selon les prévôtés, la confiscation du tiers ou de la « moitié de leur biens, et s'ils n'avaient pas la permission du « roi, ils devaient soixante sols parisis d'amende en sus du droit « de formariage. »

tous aient été soumis au *mundium* du roi, sorte de protection que celui qui n'avait point d'autre répondant, devait subir ; et le bâtard *nec genus nec gentem habebat*, n'avait aucun droit de lignage ni de parenté, il ne pouvait donc avoir d'autre répondant que le roi et était à cet égard dans la même situation que l'aubain. Mais en échange de cette protection que lui donnait le roi, celui-ci acquit le droit de lui succéder lorsqu'il mourait sans hoirs légitimes ni testament. Lorsque sous le règne de la féodalité, les seigneurs se furent emparés de presque tous les droits régaliens, c'est sous leur *mundium* que les bâtards furent placés. De là le droit de succession du seigneur.

A partir du XIIIe siècle, la condition des bâtards tend à s'améliorer ; les droits de chevage et de formariage semblent s'effacer de bonne heure et les auteurs de cette époque nous montrent les serfs seuls soumis à ces droits ; les bâtards y sont encore soumis dans certaines contrées ainsi que l'atteste entre autres le procès-verbal de l'ancienne coutume de Laon.

La faculté pour le bâtard d'acquérir des biens fut contestée au moyen âge, du moins en certains pays. Les établissements de saint Louis accordent au bâtard le droit de vendre ses biens, ce qui lui suppose nécessairement le droit d'en acquérir. Cependant, en 1329 (voyez Laurière sur la règle 49 de Loysel, Inst. cout.) ils étaient encore inquiétés au sujet des acquisitions qu'ils faisaient. Toutefois, cette année même un arrêt du Parlement ayant décidé que les bâtards pouvaient librement vendre, donner et léguer leurs biens, la jurisprudence leur reconnut le droit d'acquérir des biens et d'en disposer. Les auteurs des XVI° et XVII° siècles leur reconnaissent également cette faculté.

Quant au droit de disposer de ses biens par testament, il fut d'abord accordé aux bâtards par les uns, refusé par les autres. Un arrêt de 1280 leur donne le droit de se choisir un héritier testamentaire, et les établissements de saint Louis, qui datent à peu près de cette époque, le leur refusent. En 1329, le Parlement de Paris ayant décidé que le bâtard pouvait disposer de ses biens tant entre vifs que par testament, la jurisprudence dès lors constante dans les pays où les coutumes ne s'expliquaient pas à cet égard, reconnut au bâtard la faculté de tester. Loysel l'énonce en règle formelle.

A défaut de testament, les hoirs légitimes du bâtard venaient à la succession; à leur défaut, elle appartenait au seigneur. Ce droit de succession du seigneur fut l'objet d'une longue lutte entre l'autorité royale d'une part et l'autorité seigneuriale de l'autre ; cette lutte aboutit à une transaction. Sauf quelques coutumes, en effet, la succession du bâtard ne fut déférée au seigneur que lorsque ce bâtard était né, domicilié et mort dans l'étendue de sa justice. Ajoutons à ce qui vient d'être dit que quelques coutumes admettant le bâtard à la succession de sa mère et parents maternels, on avait admis par réciprocité la mère et les parents maternels à la succession du bâtard, à l'exclusion du fisc ; que la femme même bâtarde mariée à un bâtard décédé sans hoirs légitimes, avait, dès le XIIIe siècle, droit à son douaire ; enfin, la jurisprudence l'admet à la succession de son mari qui, réciproquement, vient à la sienne de préférence au seigneur ; on alla même jusqu'à appeler à la succession du bâtard son père et sa mère légitimes à l'exclusion du fisc.

Le bâtard a le droit de demander des aliments tant à ses père et mère qu'à leur succession. D'abord l'obligation du père fut regardée comme la principale, mais vers le milieu du XVIIIe siècle la jurisprudence déclare que l'obligation de fournir des aliments à l'enfant commun doit être supportée également par le père et par la mère. Cette obligation néanmoins n'existe plus si le père et la mère sont pauvres ou si le bâtard a des moyens d'existence, un état par exemple.

Une question divisa les auteurs et la jurisprudence: c'était celle de savoir si l'aïeul était tenu, au cas de décès ou d'indigence des père et mère, de fournir des aliments au bâtard de son enfant légitime. La majorité des auteurs et des Parlements ont tenu pour la négative.

Il nous reste maintenant, pour terminer cet aperçu de notre ancien droit, à dire quels étaient les droits de succession *ab intestat* des bâtards sur les biens de leurs parents paternels et maternels. Nous trouvons sur ce point la maxime générale suivante admise par tous les auteurs tant pour le droit écrit que pour le droit coutumier : Les bâtards sont exclus de la succession de leurs parents. — Quelques coutumes admettaient cependant certaines exceptions à cette exclusion ; du reste, elles étaient unanimes pour appeler le bâtard à la succession de ses enfants légitimes et pour admettre que le bâtard survivant à sa femme excluait le fisc.

L'ancien droit ne se contente pas d'écarter les bâtards de la succession de leurs parents, il va plus loin, il les déclare incapables de recevoir de leur père et mère des legs ou donations à titre universel ; c'est du moins où en arrive la jurisprudence la plus générale au milieu du XVIIe siècle, après les divergences les plus nombreuses dans les arrêts des Parlements et les écrits des jurisconsultes.

Du reste, cette incapacité de recevoir à titre gratuit ne frappait le bâtard qu'en ce qui concernait ses père et mère, aussi, fut-ce une question qui divisa les esprits que de sa-

voir s'il pouvait recevoir de ses aïeux. On finit par trancher cette question dans le sens du Droit romain et l'on
admit que si l'aïeul n'avait pas de descendants légitimes,
il pouvait instituer son petit-fils naturel ; que dans le cas
contraire il ne pouvait lui donner que ce dont les père et
mère du bâtard étaient capables de disposer en sa faveur.

Notons, en terminant, ce point important que sous
notre ancien Droit la recherche de la paternité naturelle
était admise, et nous trouvons dans Merlin un arrêt de
1707 autorisant l'enfant naturel à porter le nom du père
qui l'a reconnu.

LÉGISLATION INTERMÉDIAIRE.

Il appartenait au législateur de 1789 de faire disparaître les exorbitants priviléges de la féodalité, d'affranchir l'homme en faisant justice de ces institutions, décou-
lant d'un droit prétendu divin. Le servage fut aboli et
le droit de tous aux prérogatives civiques et civiles pro-
clamé. Les bâtards possédèrent donc sans contestation
la jouissance de tous les droits ; la loi du 20 avril 1791
enleva leur succession aux seigneurs. Mais il fallait une
loi qui réglat leur état : une loi du 4 juin 1793 posa le
principe de la successibilité des enfants naturels, et ce

principe fut mis en activité par la loi du 12 brumaire
an ii. Cette loi, qui n'avait qu'un caractère transitoire,
réglait la condition des enfants naturels que le code civil
devait fixer définitivement. La loi de brumaire déclare
que les droits de successibilité des enfants naturels, dans
la succession de leur père et mère, seront les mêmes que
ceux des autres enfants (art. 2) et qu'il y aura successibilité réciproque entre eux et leurs parents collatéraux à
défaut d'héritiers directs (art. 9). Il n'y a d'exception à
ces dispositions que pour les enfants adultérins auxquels
il est seulement accordé, à titre d'aliments, le tiers en
propriété de la portion à laquelle ils auraient droit s'ils
étaient nés dans le mariage (art. 13). Il est à remarquer
que cette portion est précisément celle que le Code civil
accordera aux enfants naturels reconnus venant en concours avec des enfants légitimes.

Le droit ancien avait poussé la rigueur envers les
bâtards jusqu'à ses dernières limites ; la loi de brumaire
voulant réagir, outrepassa le but, et tomba dans l'*excès*
opposé. Aussi voit-on bientôt des jurisconsultes, des tribunaux, la cour de cassation en tête, déclarer en haine
des dispositions de la loi de brumaire, que les droits des
enfants naturels restent en suspens jusqu'à la promulgation du Code ; l'incertitude la plus regrettable régna donc
à cette époque.

Enfin, le législateur, le Code civil étant achevé, voulut mettre un terme à ce chaos; ce fut l'objet de la loi du 15 floréal an IX, qui décida que : «l'état et les droits des enfants nés hors mariage dont les père et mère sont morts depuis la promulgation de la loi du 12 brumaire an II, jusqu'à la promulgation des titres du code civil sur la paternité et la filiation et sur la succession, sont réglés de la manière prescrite par ces titres. » (art. 1).

L'article 3 de la même loi maintient seulement : « les conventions et les jugements passés en force de chose jugée par lesquels l'Etat et les droits desdits enfants naturels auront été réglés... »

Notre Code, placé entre la rigueur inique des temps anciens et les idées réactionnaires exagérées du législateur de brumaire, est entré dans la voie véritable, qui, sans doute élargie par l'avenir, arrivera en cette matière aux bornes suprêmes de l'art du juste et de l'injuste. D'un côté, il a effacé la tache du front de l'innocent, lui accordant tous les droits civils, lui reconnaissant certains droits de succession, tandis que de l'autre, il a compris qu'il devait placer le mariage et les enfants qui en naissent bien au-dessus de toute union illicite et des enfants qui en sont le fruit.

PROLÉGOMÈNES

DES ENFANTS NÉS HORS MARIAGE.

1. — Le législateur a donné le nom d'*enfants naturels* aux enfants nés hors mariage pour faire comprendre qu'ils ne tiennent à ceux dont ils sont issus que par les liens de la nature, au lieu que les enfants légitimes ou nés dans le mariage, tiennent à leurs parents par les liens de la loi et par ceux de la nature. (1).

2. — Mais tous les enfants naturels n'ont pas été mis par la loi sur le même rang ; elle les tient pour plus ou moins favorables suivant le degré de culpabilité de leurs auteurs. C'est ainsi que ceux qui sont le fruit de l'inceste ou de l'adultère sont traités par elle avec une rigueur beaucoup plus grande que ceux dont la naissance est le résultat d'une union qui n'a d'illégal que de n'être point consacrée par le mariage.

Il faut donc distinguer plusieurs classes d'enfants naturels en remarquant tout d'abord que cette expression d'enfants naturels comprend tous les enfants nés en dehors du mariage, du

(1) V. Toullier, t. 2, n° 915.

moins dans les dispositions où la loi ne lúi a pas donné une signification plus restreinte (1).

Les enfants naturels se divisent en :

Enfants incestueux.

Enfants adultérins.

Enfants naturels simples.

3. — L'enfant est *incestueux* lorsqu'il doit la naissance à
deux personnes qui, au moment de sa conception étaient à un
degré de parenté ou d'alliance prohibé pour le mariage (Voy.
les art. 161 à 163).

Il est *adultérin* lorsque ses auteurs étaient tous deux (ou
l'un d'eux seulement), engagés dans les liens du mariage au
moment de sa conception.

Enfin, il est *naturel simple*, lorsque ses père et mère,
libres de tout lien au moment où il a été engendré, pouvaient
dès ce moment régulariser leur union par le mariage.

4. — Nous avons dit que la loi avait traité différemment ces
diverses classes d'enfants. Aux enfants *incestueux* et *adulte-
rins*, elle refuse toute attache légale avec les père et mère,
elle leur dénie tout droit si petit qu'il soit sur les biens laissés
par eux et ne leur accorde que des aliments (art. 762).

A l'enfant *naturel simple*, elle accorde lorsqu'il a été *légalement reconnu*, une partie des droits qui appartiennent aux
enfants légitimes (art. 756 et suiv.). Elle a en outre permis à ses

____

(1) Voy. entres autres les art. 161, 162, 908 C., civil.

père et mère de le légitimer par le mariage qu'ils contracteront entre eux après sa naissance.

5. — Laissant de côté la filiation incestueuse et la filiation adultérine, nous allons nous occuper des enfants *naturels simples*, les seuls qui puissent être avoués légalement par leurs auteurs et bénéficier par suite des droits que la loi attache à cet aveu.

6. — Dans une première partie, nous traiterons des modes établis par le législateur pour arriver à la constatation de cette filiation naturelle ; nous étudierons dans la seconde, les effets résultant de cette constatation.

PREMIÈRE PARTIE

Des preuves de la filiation naturelle.

CHAPITRE PREMIER.

DE LA RECONNAISSANCE DES ENFANTS NATURELS.

I. — DANS QUELLE FORME DOIT ÊTRE FAITE LA RECONNAISSANCE D'UN ENFANT NATUREL ET A QUELLE ÉPOQUE.

7. — L'article 334 nous dit en quelle forme la reconnaissance d'un enfant naturel doit être faite : « La reconnaissance

d'un enfant naturel sera faite par acte *authentique*, lorsqu'elle ne l'aura pas été dans son acte de naissance. »

Ainsi, la reconnaissance peut être faite soit dans l'acte de naissance lui-même, soit dans un acte postérieur, pourvu que cet acte soit *authentique*.

8. — Entendons-nous bien sur la valeur et l'étendue de ce mot employé par l'art. 334.

Pour en bien comprendre la signification, il faut d'abord rechercher la pensée du législateur. Une reconnaissance d'enfant naturel, la constatation de l'état d'une personne est un fait grave qui ne pouvait être environné de trop de précautions, que la loi ne pouvait trop protéger contre les surprises, les violences et même la légèreté humaine. Ce but, elle ne l'eut point atteint en permettant que la reconnaissance d'un enfant naturel pût être faite par acte *sous seing privé*; il fallait lui donner la solennité, l'authenticité que confère aux actes la présence d'un officier public. La forme authentique avait encore cet avantage de donner à la reconnaissance, date certaine, d'en assurer ensuite la conservation et l'irrévocabilité.

9. — Donc l'article précité veut un acte *authentique*, c'est-à-dire un acte reçu par un officier public ayant le droit d'instrumenter dans le lieu où l'acte a été rédigé et avec les solennités requises (art. 1317) (1).

(I) On a soutenu que la reconnaissance faite par acte *sous seing privé* n'était pas radicalement nulle, mais pouvait être rendue authentique par l'effet d'un jugement qui, à la suite d'une vérification d'écritures, établit

10. — Ainsi deux conditions essentielles : la *compétence* de l'officier public, les *solennités requises*.

Pour la compétence, elle est ici territoriale, indépendante du domicile et de celui qui reconnaît et de celui qui est reconnu. Mais tout officier public sans distinction peut-il conférer à l'acte e caractère d'authenticité qu'exige l'art. 334?

Cet article ne s'est point expliqué, de là divergence dans les opinions. Pour nous, la question ne saurait être ni bien déli-

que l'acte émane de la personne à laquelle on l'attribue ; on a comparé l'article 334 qui n'exige pas l'authenticité à peine de nullité avec l'art. 931 qui l'exige pour les donations entre vifs ; on a tiré un autre argument de l'art. 1322, qui dispose que l'acte sous seing privé reconnu par celui auquel on l'oppose, ou légalement tenu pour reconnu, à la même force qu'un acte authentique.

Une telle opinion est en contradiction avec l'esprit même de l'art. 334 ui a voulu garantir autant que possible la liberté de celui qui reconnaît et le préserver des surprises et des captations. Or, parce que, à l'aide d'une vérification d'écritures, vous arrivez à faire reconnaître que tel acte est bien de telle personne, prouvez-vous par là qu'elle n'était au moment où elle l'a confectionné sous l'empire d'aucune pression ? J'en dirai autant du cas de la reconnaissance d'écritures. — Mais dit-on, l'art. 334 n'exige pas l'authenticité tandis que l'art. 931 l'exige ; ma réponse est bien simple. Lisez les articles 1394 et 2129 et voyez si ces articles exigent 'authenticité à peine de nullité ; vous ne prétendez pas cependant qu'un contrat de mariage ou une constitution d'hypothèque faite *par acte sous seing privé* soit valable ! C'est que l'authenticité pour la reconnaissance d'un enfant naturel, tout comme pour un contrat de mariage ou une constitution d'hypothèque, étant de l'essence même de l'acte, nos articles n'avaient aucunement besoin de l'exiger à peine de nullité.

Et puis, quoi qu'en dise Toullier, une action en vérification d'écritures cate ni bien difficile à résoudre. Il suffit, croyons-nous, pour y arriver de ne point s'écarter des principes généraux tout en ayant égard à la spécialité de l'acte qui nous occupe. — Il est d'abord hors de doute que l'acte de reconnaissance peut être dressé par l'officier de l'état civil puisque c'est un acte prouvant la filiation, et cette filiation peut être constatée soit dans l'acte même de naissance soit par un acte séparé et postérieur ; elle peut l'être encore dans l'acte de célébration de mariage des père et mère (art. 331). Il n'est pas douteux non plus que les notaires confèrent à l'acte de reconnaissance qu'ils reçoivent,

ne serait autre que la recherche de la paternité prohibée par l'art. 340, puisqu'elle tendrait à faire déclarer père une personne qui ne doit nullement être regardée comme telle, par suite d'une reconnaissance faite sous seing privé. Et qu'on ne dise pas qu'il en serait autrement, du moins en ce qui concernerait la mère puisque là recherche de la maternité est admise ! L'article 334 est formel et ne distingue pas entre le père et la mère pour la forme de l'acte. Ne sortons pas de ce principe que la preuve de la filiation naturelle ne saurait résulter que d'un acte fait dans la forme voulue où d'une décision judiciaire dans les cas où la recherche de la paternité ou de la maternité est permise par la loi.

La reconnaissance faite par *acte sous seing privé* est donc *nulle* en ce qui concerne la reconnaissance elle-même et aussi en ce qui concerne l'obligation de fournir des aliments qu'elle pourrait contenir ; l'accessoire subit le même sort que le principal. Je crois même qu'il faut dire que l'acte sous seing privé qui contiendrait engagement de fournir des aliments serait nul ; un tel acte ne saurait, en effet, valoir ni comme obligation, puisqu'elle manquerait de cause, ni comme donation, puisque l'acte est sous seing privé (Voy. Toullier, t. ɪ, n° 95I, Demol. T. v. N° 420 et S.)

le caractère de l'authenticité ; cela résulte clairement de l'art. 1er de la loi du 25 ventôse an XI, pourvu bien entendu que l'acte ait été reçu avec les solennités requises (Voyez aussi la loi du 21 juin 1843 art. 2) et dans les limites du ressort.

11. — Ainsi les officiers de l'état civil, les notaires sont les officiers publics régulièrement compétents pour recevoir une reconnaissance d'enfant naturel. Mais peut-on dire rigoureusement qu'ils le soient seuls ? Non, il peut se trouver des cas où la reconnaissance pourra valablement être reçue par des fonctionnaires qui, bien que n'étant pas spécialement investis de ce pouvoir s'en trouvent cependant revêtus momentanément. C'est ainsi que lorsque une reconnaissance est faite dans le cours d'une instance par l'une des parties qui en demande acte, la feuille d'audience où elle est consignée par le greffier étant un acte authentique puisqu'elle est dressée par un officier public compétent, imprime à cette reconnaissance le caractère qui lui est nécessaire pour valoir.

C'est ainsi encore qu'une reconnaissance faite par l'une des parties en conciliation devant le juge de paix assisté de son greffier est parfaitement valable, car le juge de paix, siégeant comme juge conciliateur, est compétent pour relater dans le procès-verbal qu'il dresse, les dires et aveux des parties qui comparaissent devant lui. Mais il faut borner là sa compétence pour recevoir une reconnaissance et je n'hésite pas à repousser l'opinion émise par quelques auteurs, que le juge de paix est compétent en cette matière, même en dehors de ses fonctions judiciaires. En dehors de ses fonctions, en effet, il n'a qu'une compétence limitée aux actes déterminés par la loi, et l'acte de reconnaissance ne figure pas que je sache parmi ces actes. Aller jusqu'à dire que la reconnaissance d'un enfant naturel peut être reçue par un *officier public quelconque* conduirait à dire, qu'elle peut l'être par le greffier lui-même; par un commissaire de police, par un huissier, puisque ce sont là des officiers publics, et je ne crois pas cependant que personne ose admettre une telle proposition (1).

12. — La reconnaissance devant être faite par acte authentique peut l'être par cela même par testament *public*, puisque un tel testament est un acte notarié (art. 971). Sur ce point, tout le monde est d'accord, mais on l'est moins sur celui de savoir si la reconnaissance pourrait être faite dans un testament *olographe.*

Ce second point me paraît cependant être aussi peu sujet à discussion que le premier. L'article 334 exige un acte authentique et le testament olographe dressé par le testateur lui-même, en l'absence de témoins et sans le secours d'un officier public, ne saurait avoir le caractère de l'authenticité. Bien au contraire, il ressort des termes de l'art. 969 que la loi le considère comme *acte sous seing privé*; c'est ainsi que l'a décidé un arrêt de la Cour de Cassation du 18 mars 1862 (2).

(1) En ce sens : Mourlon nº 951 t. i; M. Demol. T. V. nº 400 et suiv. Zacharie, t. iv, p. 50. Note 13, Merlin Rép. t. xvi, v. filiation nº 6. — Contrà : Duranton, t. iii, nº 212.

(2) La reconnaissance faite dans un testament olographe serait donc nulle ; mais en serait-il de même de la libéralité que contiendrait en outre

Je n'hésite pas davantage à dire que la reconnaissance ne peut être faite par testament *mystique*. On a dit, il est vrai, que l'acte de suscription imprimait à ce testament un caractère d'authenticité en certifiant que les déclarations de volonté qu'il renferme sont sincères. Cet argument, toutefois, me semble peu sérieux et c'est étendre, je crois, bien à tort la portée de cet acte de suscription ; lisez l'article 976 et vous verrez que cet acte ne certifie qu'une chose, à savoir ; que le testateur a remis son testament lui-même au notaire en présence de six témoins, et a déclaré qu'il était écrit et signé de lui ou écrit par un autre et signé de lui.

Mais l'acte de suscription ne saurait attester plus ; il ne saurait certifier la sincérité, la vérité des déclarations contenues' dans le testament ; le notaire ne peut affirmer une chose qu'il n'a point vue.

Ceci posé, qui ne voit qu'admettre qu'une reconnaissance a le caractère de l'authenticité lorsqu'elle est faite dans un testa-

ce testament au profit de celui que le testateur désigne comme son enfant ? Non, il y a là deux choses indépendantes l'une de l'autre ; la reconnaissance et la libéralité, or, si la première est nulle, pourquoi la seconde le serait-elle ? A cause, a-t-on dit, de la qualification donnée dans le testament au légataire. Mais quelle portée peut avoir cette qualification sur le legs ; la cause de celui-ci est la volonté libre et suprême du testateur et non une qualification qui est ici de par la loi dénuée de tout effet. Qui peut assurer d'ailleurs que le testateur n'a pas indiqué une fausse cause voulant taire la véritable ? On le sait du reste : *legato falsa causa non nocet.*

ment *mystique*, serait aller précisément contre l'esprit de l'art. 334 !

13. — Avant d'en finir avec la forme que doit avoir la reconnaissance pour être valable, j'ai besoin de revenir sur un point. J'ai dit que cette reconnaissance pouvait être faite dans l'acte même de naissance ou dans un acte séparé et postérieur dressé par l'officier de l'état civil, ou enfin dans un acte authentique dressé le plus souvent par un notaire. — Lorsque la reconnaissance est faite dans l'acte de naissance lui-même, cet acte prouve et la filiation et la naissance, mais lorsqu'elle est faite par un acte postérieur dressé par l'officier de l'état civil, la preuve de la filiation résulte de l'acte de reconnaissance, il importe donc d'en assurer la publicité et la conservation. C'est pour cela que la loi (art. 62) a voulu que l'acte de reconnaissance fût inscrit sur les registres à sa date, et qu'en outre, il en fût fait mention en marge de l'acte de naissance.

Que si maintenant la reconnaissance a été reçue par un officier de l'état civil autre que celui qui a dressé l'acte de naissance ou par un notaire, une copie authentique et dûment légalisée de l'acte de reconnaissance doit être remise à l'officier de l'état civil qui a reçu l'acte de naissance afin qu'il transcrive sur son registre courant et en fasse mention en marge de l'acte de naissance.

Du reste, la reconnaissance a lieu indépendamment de toute transcription sur les registres ; la loi n'exige pas cette transcription à peine de nullité, mais il sera bon de la requérir (1).

14. — Remarquons que la reconnaissance, pourvu qu'elle soit contenue dans un acte authentique, n'a pas besoin d'être faite en termes dispositifs, il n'y a point pour la faire de termes consacrés; il suffit qu'elle résulte d'une déclaration non équivoque, cette déclaration fut-elle faite en termes simplement énonciatifs.

15. — La reconnaissance d'un enfant naturel peut avoir lieu *à toute époque*, non-seulement depuis sa naissance, mais encore lorsqu'il n'est que conçu. Le décider ainsi, est, je crois, rester dans l'esprit de la loi qui a dû envisager l'intérêt de l'enfant. Il ne fallait pas non plus enlever au père, qui peut craindre de ne pas vivre jusqu'à la naissance de son enfant, à la mère, qui peut succomber dans les douleurs de l'enfantement, la faculté d'assurer à celui qu'ils ont engendré le bénéfice de la reconnaissance. Il est bien vrai que la reconnaissance faite avant la naissance de l'enfant présentera moins de garanties de sincérité, mais il y aura lieu en cas de constestation d'en tenir compte. (M. Demol, T. V. n° 414.)

16. — Ainsi, je le repète, l'enfant naturel simple peut être

(1) Notre savant professeur, M. Demolombe (T. v. n° 397), enseigne que le texte de l'article 62 ne s'applique qu'à la reconnaissance reçue par l'officier de l'état civil lui-même. Dans la reconnaissance par acte notarié il voit un moyen offert par le législateur au père et à la mère de remplir le devoir que leur conscience leur impose sans livrer pour cela le secret de leur faute à la publicité des registres de l'état civil.
(Voy. l'art. 23 de la loi du 25 ventôse, an xi).

reconnu, même alors qu'il n'est que conçu jusqu'à sa mort et cela, quelque soit sa situation, quelque soit celle du père ou ou de la mère qui le reconnaît. Il peut même être reconnu *après sa mort*, lorsqu'il a laissé des enfants légitimes; cela résulte des termes de l'article 332. Faut-il décider de même dans l'hypothèse inverse? En autres termes : Un enfant, qui n'a point laissé d'enfants légitimes, est reconnu après son décès, la reconnaissance est-elle valable? La question est controversée.

La reconnaissance, disent les uns, a été admise par la loi en faveur de l'enfant; or, quel profit l'enfant décédé sans postérité retirera-t-il d'une reconnaissance posthume? Une telle reconnaissance ne profitera qu'à celui qui l'a faite en lui donnant des droits à la succession de l'enfant. Ce sera une prime offerte à la spéculation, au calcul des parents dénaturés qui ne se souviennent de ceux à qui ils ont donné la vie que lorsqu'ils doivent en retirer quelqu'avantage (1).

A cela nous répondrons : il est inexact de dire que la reconnaissance ait été établie dans l'intérêt exclusif de l'enfant; la loi a eu également en vue celui des père et mère, puisqu'elle leur a donné le moyen d'améliorer le sort de leur enfant. Que si l'article 332 n'autorise pas la légitimation de l'enfant décédé sans postérité, c'est que cette légitimation serait inutile et à l'enfant, puisqu'il est décédé, et aux père et mère, car la reconnaissance de leur enfant décédé sans postérité leur donne

____

(1) En ce sens, Dur. n° 165.

les mêmes droits que la légitimation. La reconnaissance, au contraire, leur est utile, puisqu'elle fait naître à leur profit des droits de succession; pourquoi donc n'aurait-elle pas lieu puisque la loi ne la défend pas?

Mais, dira-t-on, c'est une erreur de croire que ces droits à la succession de l'enfant naturel naîtront pour les père et mère d'une reconnaissance posthume; ces droits s'ouvrant en même temps que la succession et le *de cujus* n'ayant pas de descendants, s'ouvriront soit au profit de ses légataires, soit au profit de son conjoint, soit enfin au profit de l'État. — Ce raisonnement serait parfaitement juste si les droits dont il est question prenaient naissance dans la reconnaissance même, mais il n'en est pas ainsi, il s'agit de la constatation d'une filiation et non point de la naissance de cette filiation; il y a révélation d'un lien préexistant à l'acte de reconnaissance et les droits, conséquences de ce lien, existent avec lui, indépendamment de toute constatation.

Reste la considération tirée du calcul et de la spéculation; cette considération est sérieuse, je le reconnais, mais il ne faut pas l'exagérer. Ne faut-il pas admettre que la reconnaissance tardive pourra être le résultat d'évènements indépendants de la volonté des père et mère, leur absence par exemple, l'ignorance du décès de l'enfant. Et d'ailleurs, si une telle reconnaissance est suspecte, les intéressés ne seront-ils pas toujours à même de la contester (1).

(1) En ce sens : MM. Val. sur Proud. T. 2, p. 150, — Demol. T. V. nᵒ 416.

II. — PAR QUELLES PERSONNES PEUT ÊTRE FAITE LA RECONNAISSANCE?

17. — Le droit de reconnaître un enfant naturel étant un droit essentiellement personnel, ne peut être exercé que par ceux qui l'ont engendré, ajoutons : ou par leur mandataire.

Ainsi, sauf ce mandataire, nul ne saurait faire cette reconnaissance, soit pour le père, soit pour la mère, un tuteur ne pourrait reconnaître pour son pupille, le père naturel ne pourrait davantage le faire pour la mère et réciproquement. Ce droit appartient au père, à la mère, individuellement, séparément. Il est bien évident, en effet, que la mère ne pourrait, dans l'acte de reconnaissance, désigner tel individu comme père de son enfant; une telle déclaration ne devrait pas être reçue, dans tous les cas, par l'officier public chargé de dresser l'acte. J'en dirai autant d'une désignation de la mère que ferait le père. Cependant, sur ce dernier point, quelques auteurs, tirant de l'article 336 un argument *à contrario*, soutiennent que la reconnaissance du père avec l'indication et l'aveu de la mère produit effet, même à l'égard de celle-ci.

Une telle doctrine est trop en dehors de l'esprit de la loi et conduit à des conséquences trop inadmissibles, pour que je m'y arrête sérieusement. Le législateur a voulu avant tout que le père, que la mère pût reconnaître son enfant *chacun pour son propre compte;* la logique, la morale l'indiquent : la logique, car si le père pouvait valablement dire : « Telle femme est la

« mère de l'enfant que je reconnais, » que deviendrait la disposition de l'article 334 qui exige, sans distinction du père ou
de la mère, que la reconnaissance soit faite par acte authentique ; croira-t-on que le législateur ait deux articles plus loin
entendu déroger à cette prescription. La morale : Que de-
viendrait-on s'il fallait admettre que le premier venu fut en
droit de perdre la réputation d'une femme, de jeter la honte
dans sa famille, en la déclarant mère.

18. — Il faut reconnaître d'ailleurs, que cet article 336 est
obscur ; il porte comme beaucoup d'autres, la trace mal effacée
des discussions dont sa rédaction fut l'objet ; mais l'historique
ne laisse aucun doute sur son véritable sens.

19. — Suivant le projet du Code, la reconnaissance faite
par le père seulement était destituée de tout effet, tant qu'elle
n'était pas confirmée par la mère elle-même. La femme, disaient
les rédacteurs, est toujours sûre de sa maternité, elle n'a besoin
pour cela d'aucun témoignage étranger, il n'en est pas de même
de l'homme ; tel individu peut croire être père et ne l'être pas.
Mais on reconnut bien vite le danger de ce système ; l'intérêt
de l'enfant était bien compromis, sa reconnaissance par son
père étant subordonnée à l'aveu de sa mère, une foule d'événe-
ments pouvaient l'empêcher ; ainsi l'absence, la folie, le décès
de la mère, la haine de celle-ci pour le père. Et puis, il faut
bien le dire, il pouvait se faire que la mère ne fût pas en mesure
de désigner exactement le père de son enfant. On proposa alors
de dire que la reconnaissance faite par le père serait nulle,
si elle était désavouée par la mère. On fit remarquer, avec

4

raison, que c'était retomber dans le même danger, puisqu'on laissait à la mère la faculté de rendre sans effet la reconnaissance. On proclama alors le droit pour le père et pour la mère de faire la reconnaissance, chacun pour son propre compte, déclarant que cette reconnaissance n'aurait d'effet qu'à l'égard de celui qui l'aurait faite. Mais les rédacteurs du Code, préoccupés en même temps des discussions précédentes, crurent devoir les rejeter par cette phrase incidente : *sans l'indication et l'aveu de la mère*, sans faire attention qu'ils ne faisaient qu'obscurcir le sens du texte.

L'article 336 : La reconnaissance du père sans l'indication et l'aveu de la mère, n'a d'effet qu'à l'égard du père, doit donc être entendu en ce sens que la reconnaissance faite par le père, n'ayant d'effet que contre lui, n'a pas besoin pour être valable d'être confirmée par l'aveu de la mère (1).

20. — Cette disposition de l'article 336, que Toullier regarde comme singulière, me paraît tout concilier, d'une part on a vu quels dangers elle prévient et d'autre part, en admettant que la reconnaissance ait été faite par une personne autre que le père de l'enfant, la mère pourra alors l'attaquer en justice et fournir des preuves.

21. — Nous avons dit que le père et la mère naturels pouvaient reconnaître leur enfant *par mandataire;* ce mandataire doit être muni, à cet effet, d'une procuration *spéciale*.

(1) MM. Val. sur Proud., II, p. 142; Marc., sur l'art. 336; Demol, T. V., nº 384. Voyez Bigot de Préameneu, p. 24 (*Exposé des motifs*).

ajoutons : *authentique*. Ce dernier point ne saurait être discuté ; l'article 36 l'exige formellement, en ce qui concerne la
reconnaissance faite devant l'officier de l'état civil ; quant à ce
qui est de la reconnaissance faite par acte notarié, l'article 2 de
la loi du 21 juin 1843 n'est pas moins catégorique : à l'avenir,
dit cet article, les actes notariés, contenant donation entre vifs,
donation entre époux pendant le mariage, révocation de donation ou de testament, *reconnaissance d'enfants naturels et
les procurations pour consentir ces divers actes*, seront
à peine de nullité, reçues conjointement par deux notaires ou
par un notaire en présence de deux témoins.

22. — On s'est demandé si les incapacités prononcées par
l'article 1124, en matière d'obligation, étaient applicables en
matière de reconnaissances d'enfants naturels ; en autres
termes, si, une personne incapable de contracter, un mineur
par exemple, pouvait reconnaître un enfant ?

Je vois que l'on décide généralement qu'il n'est pas besoin
pour faire une reconnaissance d'enfant naturel, d'avoir la capacité civile qui est nécessaire pour contracter (1) ; qu'ainsi, un
mineur, même non émancipé, sans l'autorisation de son tuteur, une femme mariée, sans l'autorisation de son mari ou de
justice, un interdit pour cause d'imbécillité ou de démence,
pendant un intervalle lucide, peuvent reconnaître un enfant
naturel. A l'appui de cette décision, on fait remarquer que la

---

(1) M. Demol, T. V., no 387 et suiv.
Voy. Toullier, t. II, no 962 ; Mourlon, t. I, no 953.

situation de l'enfant étant favorable aux yeux de la loi, il ne fallait pas entraver sa reconnaissance, ce qui serait arrivé si l'on avait admis que les incapables ne pouvaient reconnaître, puisque ce droit, étant un droit exclusivement attaché à la personne, ils n'auraient pu davantage l'exercer par l'entremise de ceux qui sont chargés de les assister ; qu'en outre, la loi qui a énuméré les incapables en matière de contrat, n'a nullement étendu ces incapacités à la reconnaissance d'un enfant naturel, qu'enfin la loi elle-même (art. 337), suppose une reconnaissance faite par une femme mariée à l'insu même de son mari.

Voilà, dis-je, l'opinion généralement suivie en Doctrine et en Jurisprudence ; soit, mais il me semblera toujours difficile d'admettre que telle personne qui est incapable de s'obliger, de se lier par un engagement, soit parfaitement capable pour un acte aussi sérieux, aussi grave que la reconnaissance d'un enfant naturel. Il est vrai que l'on pourra voir dans les précautions prises par la loi, une garantie contre les surprises et les violences, mais alors il faudrait donc aller jusqu'à dire qu'un incapable est assimilé au capable quand il contracte dans la forme authentique?

III. — DU CARACTÈRE DE LA RECONNAISSANCE TELLE QU'ELLE A ÉTÉ ORGANISÉE PAR LE CODE ET DE L'ATTAQUE DONT ELLE PEUT ÊTRE L'OBJET.

23. — La reconnaissance d'un enfant naturel étant un aveu librement fait, ne peut être volontairement rétractée ; une fois faite, elle est *irrévocable*.

24 — J'ai dit qu'elle ne pouvait être *volontairement* rétractée ; c'est qu'en effet il peut arriver qu'elle le soit en justice. Une reconnaissance peut être entachée d'un vice radical qui la rende *nulle* ; elle peut être le résultat de circonstances qui la rendent *annulable*, enfin il peut arriver que, bien que parfaitement valable, sa sincérité soit contestée par ceux qui ont intérêt à la faire tomber.

25. — Nous allons examiner ces trois hypothèses qui forment autant d'exceptions au principe posé en tête de cette section : l'irrévocabilité de la reconnaissance une fois faite.

La reconnaissance est *nulle* : lorsqu'elle est faite *par acte, sous seing privé* au lieu de l'être en la forme authentique (1) ; lorsqu'elle a été faite par une personne autre que le père et la mère, par une personne dans un état actuel de démence, lorsqu'elle a été faite par un officier public tout-à-fait incompétent en cette matière. Une telle reconnaissance n'a pas besoin d'être attaquée pour ne pas valoir : nulle *ab initio*, elle ne saurait jamais avoir aucun effet ; on n'annule pas le néant. Il y a ici nullité radicale, imprescriptible ; ceux qui ont intérêt à l'opposer peuvent le faire à toute époque.

La reconnaissance est *annulable* : lorsqu'elle est entachée de dol, d'erreur ou de violence. Ce sont les principes généraux qui guideront ici le juge. Ainsi, la reconnaissance sera entachée

(I) Nous avons essayé de démontrer plus haut (section I) à propos de l'art. 334, qu'une reconnaissance faite par acte sous seing privé était radicalement nulle sans que rien ne puisse jamais la faire valoir.

de dol lorsqu'elle sera le résultat de manœuvres sans lesquelles elle n'eut évidemment pas été faite (art. 1116). Elle sera entachée *d'erreur* lorsqu'elle aura pour objet un enfant autre que celui que son auteur entendait reconnaître, en un mot, lorsque l'erreur portera sur la substance même de l'acte (art. 1110). Elle sera entachée de *violence* lorsqu'elle sera le résultat des circonstances dont parle l'art. 1112; les juges auront égard à tous les faits qui auront pu influer sur celui qui a fait la reconnaissance (1). L'action en nullité pour toutes ces causes est *temporaire*.

Enfin, la reconnaissance, quoique valable de tout point, peut cependant être *mensongère*. Sa sincérité peut alors être attaquée par toute personne intéressée *en tout temps*, car l'action en contestation d'état des personnes est imprescriptible. Tout les moyens de preuves sont admis : titres, témoins et même simples présomptions.

26. — Quelles sont maintenant les personnes auxquelles la loi a permis de demander la nullité de la reconnaissance? L'article 339 nous répond que toute reconnaissance pourra être contestée par tous ceux qui y auront intérêt. Or, au premier rang de ces intéressés, nous pouvons certes placer l'enfant qui est l'objet même de cette reconnaissance, car si quelqu'un a intérêt à faire tomber une reconnaissance mensongère, c'est bien lui.

(1) Suffit-il que la reconnaissance soit *libre*, ou doit-elle être *spontanée*? Sur cette question, voy. M. Demol, T. V., n° 432.

L'auteur de la reconnaissance lui-même est également un des premiers intéressés ; il peut se faire en effet que la reconnaissance lui ait été arrachée par violence, par dol ; elle peut être le résultat d'une erreur reconnue plus tard ; il lui importe donc de faire tomber une reconnaissance dont le maintien serait immoral et contraire à l'ordre public. Mais que décider au cas où l'auteur de la reconnaissance, avouant du reste qu'il l'a faite en toute liberté, viendrait à l'attaquer comme non conforme à la vérité ? Serait-il recevable dans son attaque ?

Bien que plusieurs auteurs, s'appuyant sur le motif d'ordre public, soutiennent l'affirmative (1), je ne pense pas qu'il y aurait lieu d'admettre l'attaque pour une telle raison. La pensée de la loi m'apparaît clairement dans les termes mêmes de l'article 339 : « Toute reconnaissance de la part *du père ou de la mère*..... pourra être contestée par tous ceux qui y auront intérêt ». Il est bien évident que l'article 339 ne met pas sur la même ligne le père ou la mère, auteur de la reconnaissance, et les autres intéressés ; elle les oppose au contraire les uns aux autres. Le droit de contester la reconnaissance appartient donc à tout intéressé *autre que le père ou la mère* (2). Que

____

(1) Aubry et Rau sur Zach. T. IV, p. 61.

(2) Nous admettons que l'auteur de la reconnaissance ne peut la contester ; faut-il décider de même à l'égard de ses héritiers et successeurs ? On admet généralement que non. Il est vrai que l'on pourrait objecter que les héritiers, les successeurs du défunt, ne pouvant avoir plus de droits que celui-ci, ne peuvent pas plus que lui contester la reconnaissance qu'il a faite. Mais à cela l'on répond que le principe dont il est

si ceux-ci ont le droit d'attaquer la reconnaissance faite sous l'empire du dol, de la violence ou de l'erreur ; c'est, je le répète, un droit qui leur est propre, car il s'agit d'une cause de nullité introduite dans leur intérêt ; si bien que certains auteurs prétendent qu'il leur est *personnel* et que par conséquent une reconnaissance ne saurait être attaquée pour cause de dol, de violence ou d'erreur que par l'auteur même de cette reconnaissance (1).

27. — Enfin, des personnes autres que l'enfant, que l'auteur de la reconnaissance, peuvent encore avoir intérêt à l'attaquer. Ainsi, la femme qui a déjà reconnu ou qui reconnaît son enfant, est recevable à contester la reconnaissance qu'en a faite l'homme qui a déclaré être le père, une jeune fille, en effet, peut n'avoir commis qu'une faute et il lui importe de ne pas rattacher sa maternité à la paternité du premier venu qui peut être un homme peu recommandable. Réciproquement, et pour des raisons analogues, l'homme qui a fait la reconnaissance peut contester que son enfant soit aussi celui de la femme

question souffre des exceptions, que quelquefois les héritiers ont des droits qui *naissent dans leur personne* ; or, c'est précisément ce qui a lieu ici. L'article 339 leur confère directement le droit d'attaquer la reconnaissance faite par leur auteur, puisque cet article le confère *à tout intéressé*, et s'il y a des personnes intéressées, ce sont bien les héritiers.

Voy. Marcadé, T. 1, art. 339 ; Demol. T. V, n° 450. Mourle, n° 964.

(1) Le mot *contester* qu'emploie l'article 339 ne signifie pas seulement dénégation ; il s'agit d'une *attaque en justice* (Demol. 440).

qui s'en dit la mère. Ce sera au juge de décider après s'être éclairé.

28. — Il peut arriver (la chose n'est pàs sans exemple), que le même enfant soit reconnu, soit par plusieurs hommes, soit par plusieurs femmes ; chacun d'eux ou chacune d'elles peut alors contester la reconnaissance des autres afin de consolider la sienne. Il y aura là encore une question d'appréciation pour le juge.

29. — Mais je suppose que ces reconnaissances existent simultanément, sans qu'aucune d'elles soit contestée ; l'enfant va se trouver dans une étrange situation, que décider?

Les uns prétendent que dans ce cas l'enfant pourra exercer les droits d'enfant naturel de celui des auteurs qu'il voudra choisir (1). D'autres vont plus loin et décident que l'enfant peut, dans ses rapports avec chacun de ceux qui l'ont reconnu, exercer ses droits d'enfant naturel. Mais j'avoue qu'il me semble difficile d'admettre l'une ou l'autre de ces opinions ; elles placent l'enfant dans une situation contre nature et immorale et je crois qu'il faut dire que les juges, après avoir pesé les circonstances, pris aussi en considération les intérêts de l'enfant, pourront seuls trancher la question.

30. — L'article 339 ne prescrit aucun délai pour la contestation de la reconnaissance ; de là le désaccord entre les auteurs sur ce point. Et il ne peut s'agir ici que de la contestation de la

____

(1) Marcadé, t. 1, art. 339, n° 1.

reconnaissance entachée de dol d'erreur ou de violence, du cas, en autres termes, où la reconnaissance est *annulable* et non pas nulle radicalement ; cette dernière nullité, en effet, est imprescriptible. Mais dans le cas où la reconnaissance est *annulable*, par quel laps de temps se prescrira l'action en nullité ? Par *trente ans*, conformément au droit commun (art. 2,262), ou par *dix ans*, selon l'article 1,304 ? — On peut du reste renoncer à cette action, soit expressément, soit tacitement et alors la reconnaissance, purgée du vice qui l'infectait, se trouve avoir la même valeur que si elle eut été valable *ab initio* (art. 1,338).

31. — Un point nous reste à examiner. Nous avons dit que la reconnaissance valable était *irrévocable*, que, par conséquent, son auteur ne pouvait le rétracter volontairement. Cette règle s'applique-t-elle également à la reconnaissance faite dans un testament authentique ?

Pour l'affirmative, on tient ce raisonnement.

Le testament qui contient une reconnaissance d'enfant naturel, renferme deux choses et deux choses bien distinctes : Une expression de dernière volonté et un aveu, un fait. Pour ce qui est de la clause testamentaire relative à la dévolution des biens, elle est révocable, c'est de l'essence même du testament ; mais pourquoi en serait-il de même de l'aveu que le testateur a mis à côté de ses dispositions ? Ce sont deux actes, confondus dans un même écrit il est vrai, mais encore une fois, séparés par leur nature et les caractères qui leur sont propres. Le tes-

tament est révocable parce que ce n'est qu'un *projet;* la reconnaissance est *irrévocable*, parce que c'est un aveu. un fait, et
qu'un fait, dès qu'il existe est indestructible. Et puis, d'ailleurs,
n'est-ce pas aller contre tout précepte de morale, que de donner
à l'homme qui, devant un offiicier public a reconnu un enfant
pour le sien? le droit de quitter et de reprendre à sa guise sa
paternité (1).

Ce raisonnement ne me semble pas concluant : s'il est vrai
qu'autre chose est une disposition testamentaire proprement
dite, et autre chose un aveu de paternité ou de maternité. il
n'en faut pas moins tenir compte de cette circonstance précisément. que ces deux actes se trouvent réunis dans un même écrit.
qui est un testament. Il faut bien admettre que tout ce que
renferme le testament même en dehors de la clause relative à
la dévolution des biens, participe du caractère même du testament ; or, celui-ci n'est qu'un projet: c'est la manifestation
des intentions du testateur, mais non de ses intentions défini-
tives, irrévocables ; il n'entend pas se lier et conférer dès à
présent des droits contre lui ; ces droits ne deviendront *acquis
qu'à sa mort.* Il en est de même de l'aveu de paternité, il ne
sera irrévocable qu'à ce moment, mais jusque là il n'existe
rien, le testateur est toujours le maître de sa volonté.

On dit : Il est immoral de permettre à un homme, qui a fait
un tel aveu dans des circonstances aussi solennelles, de le re-

(1) MM. Val. à son cours: Aubry et Rau sur Zach., t. iv, p 690:
Calmet de Santerre, t. iv. n° 181, b. lll : Marc. sur l'art. 1,038.

tirer à sa guise. Mais je trouverais bien plus immoral de défendre à un homme de revenir sur une reconnaissance qu'il a faite dans un testament, car, s'il l'a faite dans un testament quand il pouvait aussi bien lui donner un effet immédiat, c'est qu'il voulait se *réserver l'avenir*. Il peut avoir des raisons d'hésiter, quelque complète que soit sa confiance dans la mère, il veut s'éclairer davantage. Supposez maintenant que, postérieurement à la reconnaissance qu'il a faite dans son testament, il vienne à découvrir que l'enfant n'est pas le sien et voyez si, en lui déniant le droit de revenir sur cette reconnaissance, vous n'arriverez pas au plus scandaleux résultat (1).

32. — Nous avons examiné jusqu'ici les diverses conditions que doit remplir la reconnaissance faite *volontairement* par le père ou la mère de l'enfant naturel; nous allons voir maintenant comment, à défaut de cette reconnaissance, la filiation naturelle peut être légalement prouvée.

IV. — DE LA PREUVE DE LA FILIATION NATURELLE A DÉFAUT DE RECONNAISSANCE, ET DU SYSTÈME SUIVI PAR LA LOI TANT EN CE QUI TOUCHE LA RECHERCHE DE LA PATERNITÉ QU'EN CE QUI CONCERNE CELLE DE LA MATERNITÉ.

33. — A défaut de reconnaissance volontaire des père et mère, la loi a permis à l'enfant naturel de recourir à la justice, dans certains cas et sous des conditions déterminées, pour con-

____

(1) M. Demol, T. v., n° 455; Mourl, t. I, p. 481, *Note*.

traindre ses auteurs à le reconnaître ; c'est la recherche de la paternité ou de la maternité.

La paternité *légitime* peut être prouvée au moyen d'un signe légal ; le mari de la mère est réputé par la loi, jusqu'à preuve contraire, être le père de l'enfant. C'est ce qu'exprime cette maxime : *Pater is est quem nuptiæ demonstrant.* Il n'en est pas de même de la paternité naturelle ; on ne peut, pour la reconnaître, s'appuyer sur aucune règle fixe, elle est entourée de mystères et de ténèbres ; aussi, vit-on, sous l'empire de l'ancienne jurisprudence, d'audacieux intrigants s'introduire, à l'aide de preuves frauduleuses, dans les familles les plus honorables. — Les rédacteurs du Code voulurent mettre fin à cet abus et à ces honteuses spéculations, en défendant la recherche de la paternité ; et cette prohibition, ils la placèrent dans la première phase de l'article 340.

Les mêmes dangers n'existaient pas dans la recherche de la maternité ; la maternité, en effet, a des signes matériels auxquels on peut la reconnaître : la grossesse, l'accouchement, sont des faits extérieurs qui échappent difficilement aux investigations. Aussi, crut-on pouvoir admettre la recherche de la maternité en soumettant toutefois cette recherche à des précautions et des garanties que la prudence elle-même exigeait (art. 341).

Ainsi, des articles 340 et 341 résulte, entre la recherche de la paternité et celle de la maternité, cette différence bien caractéristique que la première est interdite et que la seconde est admise.

34. — Occupons-nous de la première et lisons l'article 340.
Article 340 : « La recherche de la paternité est interdite. —
Dans le cas d'enlèvement, lorsque l'époque de cet enlèvement
se rapportera à celle de la conception, le ravisseur pourra
être, sur la demande des parties interessées, déclaré père de
l'enfant. »

Le principe, posé dans la première partie de cet article, est
absolu. La paternité ne peut donc être recherchée ni contre
celui que l'on prétend être le père,. ni contre l'enfant. — Ce
principe souffre toutefois une exception dans le cas *d'enlèvement*, et encore faut-il que deux conditions viennent s'y ajouter ; la première, que l'époque de cet enlèvement concoure
avec celle de la conception, la seconde, que le juge, après s'être
entouré de toutes les lumières, estime que le ravisseur est bien
le père de l'enfant.

35. — On a discuté la valeur du mot : *Enlèvement*. Il ne
faut pas, je crois, lui donner un sens trop restreint et dire, avec
certains auteurs, qu'il n'y a enlèvement, aux termes de l'article 340, que lorsqu'il y a rapt, déplacement avec violence.

Le mot dont s'est servi l'article qui nous occupe a une acception plus large, c'est une expression générique pour exprimer
tout déplacement, tout détournement d'une personne par des
moyens illicites ; c'est en ce sens qu'il faut entendre le mot enlèvement, sans se préoccuper d'ailleurs ici des distinctions de
la loi pénale, Tout résultera des faits, de l'âge de la personne
enlevée, car s'il est évident, je le reconnais, qu'il sera difficile

de constater un enlèvement dans le détournement sans violence d'une femme majeure, puisqu'une femme majeure étant libre d'elle-même, a le droit de se choisir un domicile.

Du reste, ce sera au juge d'apprécier.

On décide généralement que le *viol* doit être assimilé à l'enlèvement (1).

36. — L'article 340 nous dit que l'époque de l'enlèvement devra coïncider avec celle de la conception. Il en résulte que ce n'est qu'après l'accouchement que la paternité pourra être recherchée, puisque c'est par l'époque de l'accouchement que l'on pourra déterminer, autant que cela peut se faire, l'époque de la conception.

Pour établir la coïncidence exigée, le juge s'appuiera sur les présomptions placées dans les articles 312, 314, 315, en matière de filiation légitime. Il aura donc à rechercher si l'accouchement a eu lieu après l'expiration du terme le plus court de la gestation, depuis que l'enlèvement a été commis, et avant l'expiration du terme le plus long, depuis qu'il a cessé. Ceci établi, il aura à apprécier tous les faits : tant ceux qui se rapportent au ravisseur, que ceux qui se rapportent à la mère.

37. — La preuve de l'enlèvement et des circonstances qui l'ont accompagné ou suivi est recevable *de plano*, c'est-à-dire in-

___

(1) *Voy.* Delvincourt, t. i, p. 89, Toullier, t. ii, n° 941; Valette sur Proud., t. ii, p. 139; Picot, sur l'art. 340; Demol, t. v, n°ˢ 491 et suiv.

dépendamment d'un commencement de preuve par écrit; elle peut être faite par toute espèce de moyens, par titres, par témoins et même par de simples présomptions. (Art. 1348 et 1353 combinés.)

38. — Occupons-nous maintenant de la recherche de la maternité.

Bien que la maternité fût plus facile à établir que la paternité, la loi cependant ne pouvait, dans l'intérêt de l'honneur de la femme et dans celui de la morale publique, permettre qu'on pût la rechercher à la légère; de là la disposition de l'article 341.

Article 341 : « La recherche de la maternité est admise. L'enfant qui réclamera sa mère sera tenu de prouver qu'il est identiquement le même que l'enfant dont elle est accouchée. Il ne sera reçu à faire cette preuve par témoins que lorsqu'il aura déjà un commencement de preuves par écrit. »

39. — L'enfant qui recherche sa mère doit donc prouver deux choses : la première, que la femme dont il se prétend le fils *est accouchée;* la seconde, *qu'il est bien celui dont elle est accouchée;* en deux mots : il doit prouver et l'accouchement et son identité.

En outre, l'article 341 a apporté une restriction à l'article 323, en ce qui touche le mode de preuve de ces deux faits. L'article 323 admet la preuve de la filiation légitime « lorsqu'il y a un commencement de preuve par écrit, ou lorsque les présomptions ou indices résultant de faits dès lors constants sont assez graves pour déterminer l'admission. » L'article 341, lui, n'admet, pour la filiation naturelle, *la preuve testimoniale* que dans un seul cas, celui où l'enfant est muni *d'un commencement de preuve par écrit.*

Des indices, si graves, si nombreux qu'ils soient, ne pourraient suppléer ce commencement de preuve par écrit.

40. — Nous allons revenir tout à l'heure sur ce mode de preuve exigé par l'article 341 ; disons tout de suite quelques mots d'un point qui a été l'objet de quelques discussions chez les auteurs.

Nous avons vu que l'enfant devait prouver l'accouchement de celle qu'il prétend être sa mère, et aussi son identité avec l'enfant dont elle est accouchée.

Deux questions ont été soulevées à propos de la preuve à fournir de ces deux faits : — 1° Que l'enfant doit-il prouver d'abord, l'accouchement, ou son identité? — 2° Le mode de preuve exigé par la dernière partie de l'article 341 s'applique-t-il en même temps et à l'accouchement et à l'identité de l'enfant?

41. — En ce qui touche la première question, le Code, dans l'article 341, ne s'est point expliqué, il est vrai, de sorte que l'on peut dire que l'identité pourra être prouvée après le fait de l'accouchement (1). Toutefois, si l'on examine attentivement le texte même, on reconnaîtra qu'il porte tout d'abord et princi-

(1) Zacharie, t. ıv, p. 79.

palement sur le fait de l'identité, et cette remarque n'est pas sans importance, car elle sert à pénétrer la pensée du législateur, et cette pensée doit être que, si l'enfant peut ne prouver son identité qu'après l'accouchement, ce n'est qu'à condition qu'il aura donné aux magistrats des garanties sérieuses de pouvoir, une fois la preuve de l'accouchement fait, arriver à celle de son identité; il importe en effet à l'honneur de la mère prétendue qu'une preuve de ce genre ne puisse être faite sans que l'on sache tout d'abord si elle sera utile à quelque chose.

42. — Quant à la seconde question, c'est-à-dire pour ce qui est du mode de preuve de l'accouchement d'abord, de l'identité ensuite, diverses opinions ont été émises. Les uns ont soutenu que la preuve de l'accouchement pouvait être fait *de plano*, par témoins, sans commencement de preuve par écrit; les autres ont exigé, au contraire, une preuve littérale; d'autres enfin ont admis, tant pour l'accouchement que pour l'identité, la preuve testimoniale, à condition qu'il y eut commencement de preuve par écrit. — Les deux premières opinions tombent dans l'exagération chacune en sens contraire, la troisième se rapproche davantage du véritable esprit de l'article 341; l'enfant, dit cet article, doit prouver : *qu'il est identiquement le même que l'enfant dont elle est accouchée;* qui ne voit que cet article ne demande *qu'une preuve*, celle de l'accouchement et de l'identité, une preuve complexe et non pas deux preuves distinctes (1).

(1) Sur la question : Delvincourt, t. 1, p. 90; Toullier, t. 11, n° 942; Merlin, Répert., v° Maternité; Demol, t. v, n° 499.

43. — Entendons-nous maintenant sur ce *commencement de preuve par écrit* qu'exige l'article 341.

D'après l'article 1347, a-t-on dit, le commencement de preuve par écrit est : « Tout acte par écrit qui est émané de celui contre lequel la demande est formée, ou de celui qu'il représente, et qui rend vraisemblable le fait allégué. »

L'article 324, il est vrai, admet comme pouvant servir de commencement de preuve par écrit, non-seulement les actes émanés du défendeur, mais encore les actes émanés d'un tiers qui, s'il était vivant, aurait un intérêt opposé à celui de l'enfant ; mais l'article 324 est une exception à la règle de droit commun contenue dans l'article 1347 ; cette exception se justifie par la faveur qu'obtient, aux yeux de la loi, tout ce qui touche à la filiation légitime, et on ne saurait, précisément pour cette raison, l'étendre à la filiation naturelle. Pour celle-ci, il faut donc revenir au droit commun, à l'article 1347.

L'enfant naturel qui recherche la maternité ne peut donc être admis au bénéfice de la preuve testimoniale qu'autant qu'il produit un commencement de preuve par écrit *émané de sa mère* (1).

44. — J'hésite, malgré la grave autorité de ceux qui la soutiennent, à admettre cette opinion. La loi ne s'est point expliquée en parlant de commencement de preuve par écrit, dans

______

(1) Aubry et Rau, sur Zach., t. IV, p. 706 ; Ducauroy, Bonnier, sur l'art. 341 ; Demol, t. V, n° 503.

l'article 341, elle l'a fait dans l'article 324 ; or, il me semble difficile que, parlant dans un même titre, un titre aussi spécial que le titre septième, d'un mode de preuve à deux reprises différentes, et cela sans s'en expliquer, la loi ait entendu exiger deux modes différents. Non, si elle ne s'est point expliquée dans l'article 341, c'est qu'elle l'avait fait dans l'article 324, et nous savons que les dispositions du chapitre II, qui traité des preuves de la filiation légitime, doivent être appliquées à la filiation naturelle toutes les fois que les dispositions contenues dans le chapitre III n'y dérogent pas.

Mais l'article 324 est lui-même une dérogation au droit commun! Je n'en suis pas persuadé, car l'article 1347 n'existant pas à l'époque ou l'article 324 a été fait, c'est ce dernier que je regarde comme étant le droit commun en cette matière toute spéciale (1).

45. — L'action en recherche de la maternité, ou même celle de la paternité naturellé (dans le cas de l'article 340) peut-elle être exercée par toute personne intéressée?

Est-elle imprescriptible? Est-elle transmissible aux héritiers? Et si l'on admet l'affirmative, dans quels cas et sous quelles conditions l'est-elle? Quels tribunaux sont compétents pour en connaître?

Sur tous ces points, la loi est muette.

46. — Et d'abord, l'action dont il s'agit appartient à l'enfant

(1) M. Val, à son cours ; M. Picot, sur l'art. 341.

lui-même, sans aucun doute ; elle est par conséquent, en sa personne, *imprescriptible* et *inaliénable*, car l'article 328, auquel il n'est point dérogé en matière de filiation naturelle, est applicable à celle-ci. L'enfant ne peut donc point transiger ni faire une convention quelconque sur son état et le droit qu'il a de rechercher sa filiation ; tout acte sur ce point serait *nul* (1).

47. — Mais en dehors de l'enfant lui-même, toute personne intéressée peut-elle exercer l'action en réclamation d'état ? Non, il y a là un droit essentiellement personnel qu'il ne faut accorder qu'avec de grandes restrictions, et sûr que telle est l'intention de la loi. Aussi, je n'hésite pas à refuser ce droit aux créanciers de l'enfant, car ce droit a au plus haut degré le caractère de ceux que l'article 1116 leur dénie. Mais, du moins, ce droit peut-il être exercé par les héritiers et successeurs de l'enfant, après sa mort ? En autres termes, ce droit est-il transmissible ?

48. — Ce point a été discuté, mais on semble aujourd'hui

(1) Mais *quid* de l'acte fait par l'enfant et contenant tout à la fois une transaction sur le droit de rechercher sa filiation naturelle et une transaction sur des droits pécuniaires ? La première serait nulle, mais la seconde serait valable, car on peut transiger sur des droits pécuniaires privés. Que décider alors du sort de l'acte ? Il y aurait là une question d'appréciation pour les juges ; ils auraient à reconnaître s'il y a transaction unique sur les deux clauses, auquel cas l'acte entier serait nul, ou s'il y a deux transactions distinctes, auquel cas il n'y aurait de nulle que la transaction portant sur l'action en réclamation d'état.

généralement d'accord pour décider qu'il faut appliquer ici les articles 329 et 330. Ces articles, en effet, qui ont trait à la filiation légitime, s'appliquent également à la filiation naturelle, puisqu'aucun texte n'y déroge, soit expressément, soit tacitement. L'action en réclamation d'état ne sera donc transmissible aux héritiers de l'enfant naturel, qu'autant que celui-ci sera décédé mineur ou dans les cinq années après sa majorité. (Art. 329.) Elle sera encore transmissible au cas même où l'enfant serait décédé majeur, pourvu qu'il l'eût commencée de son vivant; sauf le cas de désistement ou d'interruption des poursuites pendant trois années. (Art. 330.)

49. — L'action en réclamation d'état peut-elle être exercée contre l'enfant par les héritiers légitimes de son auteur prétendu, à l'effet de faire réduire les libéralités que celui-ci lui aurait faites?

Le savant professeur, M. Valette, raisonnant sur l'article 340, enseigne que la généralité de ces termes : « Sur la demande *des parties intéressées*, » montre que la loi a entendu que, dans le cas dont il s'agit, la paternité pût être recherchée, non-seulement par l'enfant ou ses héritiers, mais encore par les héritiers du ravisseur, à l'effet de faire réduire les libéralités, conformément à l'article 908.

Je crois que c'est donner aux termes : *parties intéressées* une portée qu'ils n'ont pas. Il suffit de lire avec attention les articles de la section II du chapitre III pour se convaincre que la loi s'est surtout préoccupée de l'enfant, pour reconnaître que c'est surtout son intérêt qu'elle a eu en vue, que c'est lui qu'elle a mis partout en scène ; aussi, est-ce décider d'après son esprit que de dire que lorsqu'elle parle de parties intéressées en matière de recherche de paternité ou de maternité naturelle, elle entend parler de l'enfant lui-même ou de ses héritiers, dans le cas où son action peut leur être transmise. Si l'article 339 parle d'une manière générale de « tous ceux qui auront intérêt, » remarquez qu'il s'agit non plus d'une réclamation d'état à faire, mais bien d'une *contestation*, ce qui est tout différent. Enfin, je le répète, l'action en réclamation d'état a un tel caractère de personnalité, que je ne puis me résoudre à en voir accorder l'exercice au premier venu qui pourrait y avoir quelque intérêt. On arriverait à des conséquences dangereuses et pour la morale et pour l'ordre public.

50. — Pour déterminer la compétence du tribunal en matière d'action en réclamation d'état, il faut appliquer ici les articles 326 et 327, puisque la loi ne l'a point déterminée en matière de filiation naturelle, et que, d'autre part, elle n'a point non plus dérogé à ces articles. Ces articles sont donc applicables et à la recherche de la maternité et à celle de la paternité (lorsque l'on est dans le cas prévu par l'article 340).

V. — DE LA POSSESSION D'ÉTAT D'ENFANT NATUREL (1).

51. — Article 320 : « A défaut de titre (l'acte de naissance), la possession constante de l'état d'enfant légitime suffit. »

(I) On a soutenu que l'enfant naturel, du moins tant qu'il n'était pas re-

Cette disposition est-elle applicable en matière de filiation naturelle ? Cette question, dont l'importance n'échappera à personne, est fort controversée.

52. — Et d'abord qu'il nous soit permis de rappeler ici en quelques mots ce que c'est que la *possession d'état* et quels faits la constituent.

La possession d'état est un ensemble de faits continus et notoires qui, par leur nature, impliquent la reconnaissance de l'enfant par la famille à laquelle il prétend appartenir. — On l'a définie assez heureusement : *une série d'aveux*.

connu, n'avait pas d'état ; que la loi n'en avait accordé un qu'à l'enfant légitime. — Pour l'enfant naturel, a-t-on dit, sa filiation étant nécessairement obscure et environnée d'incertitude, le législateur n'a pu que donner au père et à la mère naturels la faculté d'avouer cette filiation à l'enfant ; celle de réclamer cet aveu dans certains cas et sous certaines conditions.

Je crois cependant que l'on est à peu près d'accord maintenant pour dire que l'enfant naturel *a un état* tout comme l'enfant légitime ; quand il a été reconnu, cela ne fait pas de doute, mais il n'y en a pas d'avantage alors même qu'il n'a pas été reconnu car les liens naturels n'en existent pas moins. Si la loi n'accorde à ces liens aucun effet civil, c'est qu'elle ne les connaît pas, mais leur existence vient-elle à être connue soit par l'effet de la reconnaissance, soit par l'effet de la réclamation de l'enfant, la loi alors y attache des droits. La preuve qui est faite de la filiation naturelle, nous avons déjà eu occasion de le dire, n'est point attributive de cette filiation, elle n'en est que *déclarative* et constate seulement des liens préexistants.

Les faits qui constituent la possession d'état nous sont énumérés dans l'article 321 ; ces faits sont : « Que l'individu a toujours porté le nom du père auquel il prétend appartenir. — Que le père l'a traité comme son enfant et a pourvu en cette qualité à son éducation, à son entretien et à son établissement. — Qu'il a été reconnu constamment pour tel dans la société. » Voilà les trois faits constitutifs de la possession d'état ; ce que les Romains appelaient : *nomen, tractatus, fama.* Mais ces faits ne sont que les *principaux*, ainsi que nous le dit l'article précité ; la loi n'exclut pas les autres faits qu'elle n'énonce pas, il n'est même pas nécessaire que ceux qu'elle énonce concourent ; elle a laissé, en cette matière aux juges un certain pouvoir d'appréciation.

53. — Ceci dit, revenons à la question et voyons si la possession constante suffit à elle seule pour prouver la *filiation naturelle.*

Trois systèmes ont été proposés.

54. — Premier système. — *La possession d'état ne peut servir à prouver la paternité, mais au contraire elle peut à elle seule, et indépendamment d'un commencement de preuve par écrit, prouver la maternité* (1).

Car dit-on, la recherche de la paternité est défendue (art. 340), celle de la maternité est au contraire permise (art. 341). — Il n'est point besoin de suivre le développement d'un tel système

____

(1) Voir MM. Delv. t. i, p. 90 ; Bon. traité des preuves n° 144, Bon. revue prat. t. i p. 347 et s.

pour en apercevoir le peu de solidité et de logique. Qui ne voit à première vue que, si l'on admet la possession d'état comme preuve de la maternité, il faut aussi l'admettre comme preuve de la paternité ? Et en effet, ou la prétention de l'enfant, qui invoque sa possession d'état, constitue *une recherche judiciaire* de sa filiation, ou la possession d'état est *une reconnaissance tacite* qui rend inutile toute recherche de filiation. Or, s'il s'agit d'une recherche judiciaire, je ne l'admets pas en ce qui concerne la paternité puisqu'il y a défense de par l'art. 340, mais je ne l'admets pas davantage en ce qui concerne la maternité, car, si la recherche de la maternité est admise aux termes de l'art. 341, ce n'est que dans les conditions posées par cet article et je ne sache pas que la possession d'état puisse faire l'office d'un commencement de preuve par écrit. — S'agit-il d'une reconnaissance tacite, mais alors elle a l'effet de toute reconnaissance ; il n'y a plus *recherche* et pourquoi dès lors distinguer entre la paternité et la maternité ?

Je ne m'arrêterai donc sérieusement qu'aux deux systèmes suivants.

55. — Second système. —*La possession d'état ne prouve ni la paternité puisque la recherche de la paternité est défendue, ni même la maternité, à moins qu'il n'existe un commencement de preuve par écrit puisque c'est dans ce cas seul que la recherche de la maternité est admise* (1).

(1) Voir : MM. Toul. T. ii, n° 970 ; Aubry et Rau son Zach. T, iiii, p. 695 ; Marc, Sur l'art. 342 ; Ancelo). Revue de législation, 1852, t. ii, p. 130.

La loi a eu soin d'organiser dans deux chapitres différents, divers modes de preuves pour la filiation légitime d'abord ; pour la filiation naturelle ensuite. Pour la première, elle a admis trois sortes de preuves : le titre, la possession d'état, la preuve testimoniale ; pour la seconde, elle n'en a admis que deux : le titre, la preuve testimoniale, elle n'a rien dit de la possession d'état. Ne faut-il pas en conclure qu'elle ne l'admet pas comme preuve de la filiation naturelle. Et ce n'est pas là une lacune qu'il faille combler par les règles établies pour la filiation légitime ; le système des preuves pour la filiation naturelle tel qu'il est organisé par les articles 334 à 342 est complet, il se suffit à lui-même sans qu'il soit besoin pour le compléter d'avoir recours à d'autres règles.

Si d'ailleurs, on remonte à la source et si l'on recherche la pensée des rédacteurs, on voit qu'ils ont rejeté la possession d'état comme mode de preuve de la filiation naturelle. Le projet du Code présentait cette possession d'état comme pouvant servir *d'un commencement de preuve par écrit* ; M. Portalis fit effacer cette disposition par cette raison très juste que la possession d'état n'était pas une *semi-preuve*, mais une preuve complète. Il ne fut donc plus question de la possession d'état en matière de filiation naturelle, ce qui montre clairement que les rédacteurs du Code, après avoir reconnu qu'elle était une véritable preuve, une preuve complète, la rejetèrent en ce qui concernait la filiation naturelle. Ils n'admirent en principe qu'une preuve : un titre, une reconnaissance, sauf, pour la paternité lorsqu'il s'agirait du cas prévu par l'art. 340 et pour la maternité lorsqu'il existerait, mais alors seulement, un commencement de preuve par écrit. C'est ce que M. Bigot-Préameneu exprimait en disant : « La paternité ne pourra jamais être établie contre le père que par sa propre reconnaissance. » Et en effet, exiger un titre, une reconnaissance, un commencement de preuve par écrit en cette matière était un acte de prudence de la part du législateur ; toute autre preuve eut laissé la porte ouverte aux fraudes et aux honteuses spéculations. La nécessité d'une preuve écrite est la sauvegarde des familles ; si la possession d'état pouvait être prouvée par témoins alors qu'il n'existe pas un commencement de preuve par par écrit, un aventurier pourrait à l'aide de faux témoins, prouver une possession d'état qui n'a jamais existé et s'introduire ainsi dans une famille à laquelle il est en réalité étranger.

La loi a interdit la recherche de la paternité, elle n'a permis celle de la maternité qu'à la condition qu'il existerait un commencement de preuve par écrit, or, que fait l'enfant qui demande à prouver par témoins sa possession d'état, si ce n'est rechercher sa paternité ou sa maternité? Dira-t-on qu'il est dans le même cas que l'enfant qui fonde sa prétention sur un titre authentique, sur une reconnaissance ? Voyez la différence entre les deux. Celui-ci dira : « Je ne demande pas à faire une preuve, elle est toute faite, je l'ai en main, la voici ; c'est un titre et un titre authentique qui fait foi jusqu'à ce que sa fausseté soit judiciairement reconnue. » Celui-là, au contraire, ne pourra en dire autant, il n'apporte pas de preuve toute faite puisqu'il demande à la faire ; il ne pourra pas dire que sa filiation est certaine puisqu'au contraire il demande qu'une enquête vienne l'établir.

On voit d'après cela que la possession d'état doit être écartée en ce qui touche la paternité, puisque la recherche en est interdite, et aussi, en ce qui touche la maternité s'il n'existe d'ailleurs un commencement de preuve par écrit.

56. — Troisième système. — *La possession d'état prouve la filiation naturelle tant à l'égard du père qu'à l'égard de la mère, tout comme la reconnaissance authentique et indépendamment d'un commencemant de preuve par écrit.*

La possession d'état ne figure point, il est vrai, parmi les preuves de la filiation naturelle, mais par cette raison que la loi a fait le chapitre des enfants naturels dans le but exclusif d'indiquer parmi les règles de la filiation légitime, *celles qui ne sont pas applicables à la filiation naturelle*, voulant ainsi faire comprendre que les points qu'elle passe sous silence dans le Chapitre III (le chapitre des enfants naturels), doivent être réglés par les dispositions du Chapitre II (le chapitre de la filiation légitime) ; l'économie du titre tout entier le montre clairement. C'est ainsi que les articles : 334, qui parle de la preuve résultant d'un titre ; 341, qui exige pour la preuve testimoniale un commencement de preuve par écrit ; 340, qui interdit la recherche de la paternité naturelle, n'ont d'autre but que de déroger aux règles énoncées en matière de filiation légitime.

Ouant aux points auxquels elle ne touche pas, elle s'en réfère implicitement aux règles du Chapitre II. Nous avons vu, en effet, la généralité des auteurs d'accord entre eux, pour appliquer à la filiation naturelle tout ce que la loi dit de la filiation légitime dans les articles 328 à 330. Dans la pensée de la loi, la possession d'état est donc applicable en matière de filiation naturelle comme en matière de filiation légitime, autrement elle s'en fut expliquée, d'autant plus que quand elle n'admet pas dans les questions d'état la possession comme preuve, elle le dit formellement (Voyez l'art. 195). C'est donc raisonner arbitrairement que, tout en reconnaissant la vérité de l'argument, de faire une exception en ce qui touche la possession d'état et de dire que le mutisme de la loi à son égard ne constitue pas une *lacune*.

L'historique montre bien d'ailleurs la véritable pensée des rédacteurs du Code. Dans le projet, la possession d'état ne faisait point preuve complète de la filiation, elle n'avait d'autre effet que de rendre admissible la preuve testimoniale en suppléant le commencement de preuve par écrit.

M. Portalis critiqua cette disposition : « Toutes les fois, dit- « il, qu'on jouit de son état, constamment, publiquement et « sans trouble, on a le plus puissant de tous les titres. Il serait « donc absurbe de présenter la possession d'état comme un « simple commencement de preuves, puisque cette sorte de « possession est la plus complète de toutes les preuves. Des « faits de possession passagers, isolés et purement indicatifs, « peuvent n'être qu'un commencement de preuve, mais, encore

« une fois, il y a preuve entière lorsqu'il y a possession cons-
« tante. » La disposition fut supprimée ; c'était, implicitement,
il est vrai, mais après tout fort clairement, dire que la possession d'état a, même en matière de filiation naturelle, toute la
force probante d'un titre.

L'article 340, il est vrai, interdit la recherche de la paternité, l'article 341 n'admet celle de la maternité que dans le cas
où il existe un commencement de preuves par écrit, mais l'enfant qui vient réclamer le bénéfice de sa possession d'état et la
faire constater, exerce-t-il une recherche de la filiation? Re-
cherche-t-il son père ou sa mère? Mais il les connaît, ce qu'il
demande à faire constater, c'est la position qu'il a, ce qu'il demande que l'on vérifie, c'est l'aveu fait par son père ou sa mère,
aveu qui résulte de sa possession d'état ; autre chose est une
preuve à faire, autre chose est une preuve déjà faite; on ne
recherche pas ce que l'on possède, aussi voit-on la loi du
12 brumaire an II, admettre la possession d'état comme
preuve de la paternité naturelle, bien qu'elle défende d'ailleurs
la recherche de cette paternité.

Mais n'y a-t-il donc au point de vue de la preuve, aucune
différence entre la reconnaissance et la possession d'état? Oui,
il y a une différence et si l'on réfléchit on verra que cette différence est toute en faveur de la dernière. De quelques précautions que la loi l'ait entourée, la reconnaissance n'est après tout
qu'un écrit, un acte instantané qui peut être le résultat d'un
entraînement ou de circonstances particulières et momentanées.
Il n'en est pas de même de la possession d'état ; c'est une *série*

d'aveux, renouvelée chaque jour publiquement en présence de la famille et de la société ; elle a tout *l'entêtement d'un fait* (1). Pourquoi lui accorderait-on une force probante moindre qu'à la reconnaissance authentique? Est-ce que la possession d'état ne prouve pas plus au contraire en matière de filiation naturelle qu'en matière de filiation légitime? Celui qui reconnaît ainsi tacitement, par un aveu de tous les instants, son enfant naturel, ne prouve-t-il pas d'autant plus le lien qui le rattache à lui, qu'il lui faut pour cela se mettre au-dessus du blâme de la société.

Maintenant, pourquoi la loi interdit-elle la recherche de la paternité? Par un double motif. Elle a voulu éviter, d'une part, *l'incertitude*, la difficulté de découvrir le père, ce qui ici n'est pas à craindre puisque le père est connu; elle a voulu de l'autre éviter le scandale d'une telle recherche. Ce second motif n'a pas non plus lieu d'être ici ; le scandale n'est pas à redouter, on n'a point à rechercher si tel ou tel homme doit être réputé le père de l'enfant ; une seule chose est à constater, à savoir si telle personne a donné des soins à l'enfant, l'a élevé et nourri comme sien, s'il lui a fait porter son nom.

Quant à la recherche de la maternité, la loi l'admettrait quand il existe un commencement de preuve par écrit et elle n'en permettrait pas la constatation lorsqu'il y a possession d'état ! Elle autoriserait à fouiller la vie d'une femme qui s'est jusque-là tenue cachée, qui a pris toutes précautions pour que

(1) M. Demolombe.

sa faute restât ignorée, et elle refuserait la qualité de fils à l'enfant que sa mère a élevé et soigné publiquement et à la face de tous, parce que cet enfant n'a pas entre les mains un commencement de preuve par écrit ! La loi n'a pu être bizarre et inconséquente à ce point.

57. — Ce dernier système est tout entier l'œuvre de M. Demolombe, qui l'a développé une première fois en 1835, dans la *Revue de Législation* (T. I, p. 427) et ensuite dans son *Cours de Code Civil* (T. V., n°ˢ 477 et suiv.). MM. Valette et Oudot se sont ralliés à ce système (1).

58. — Nous avons supposé que l'enfant n'avait que la possession d'état sans titre, supposons maintenant qu'à cette possession se joigne une reconnaissance conforme, l'enfant sera-t-il, malgré le concours de deux circonstances aussi graves, recevable à réclamer une autre filiation soit légitime soit naturelle, et à l'inverse peut-on lui contester la filiation que sa possession d'état et la reconnaissance s'accordent à lui donner ? Cela revient à se demander si l'article 322, placé au chapitre de la filiation légitime, est applicable à la filiation naturelle. Voici cet article :

(1) Voyez également en ce sens : MM. Merville, *Revue de Droit français et étranger*, 1845, p. 809; Dalloz, *même Revue*, 1849, p. 822; Hérold, *Rev. prat.*, 1856, t. I., p. 204 et t. II, p. 145.

Voyez, en sens contraire, des Arrêts d'Orléans (10 mai 1860), de Caen (1er mars 1860), d'Agen (1861) et aussi Chambre des Requêtes (10 décembre 1861).

Article 322 : « Nul ne peut réclamer un état contraire à celui que lui donnent son titre de naissance et la posssession conforme de ce titre ;

Et réciproquement, nul ne peut contester l'état de celui qui a une possession conforme à son titre de naissance. ».

59. — Faut-il décider que cet article regarde, non-seulement l'enfant légitime, mais encore l'enfant naturel ? Les avis sont partagés ; les uns disent oui, en s'appuyant sur le mot : *Nul*, employé par l'article qui indique que la loi n'a pas entendu faire de distinction : Que si l'article 339 permet la contestation, ce n'est qu'au cas où il s'agit de reconnaissance non soutenue de la possession d'état. — D'autres disent : L'article 339 déroge à l'article 322, puisqu'il permet le droit de contestation sans le subordonner à aucune condition, sans le faire dépendre d'aucune circonstance ; et l'on sait que si les règles de la filiation légitime sont applicables à la filiation naturelle, c'est à cette condition seulement qu'il n'y a été dérogé ni expressément ni tacitement.

CHAPITRE SECOND.

Dle à Légitimation des Enfants naturels.

—

I. — QUELS ENFANTS PEUVENT ÊTRE LÉGITIMÉS?

60. — Article 331 : « Les enfants nés hors mariage, autres que ceux nés d'un commerce incestueux ou adultérin, pourront être légitimés par mariage subséquent de leurs père et mère, lorsque ceux-ci les auront légalement reconnus avant leur mariage, ou qu'ils les reconnaîtront dans l'acte même de célébration. »

61. — Tous les enfants nés hors mariage peuvent donc être légitimés; il n'y a exception que pour les enfants issus *d'un commerce incestueux ou adultérin*. Ces derniers mots employés par la loi, montrent bien à quelle époque il faut se placer pour apprécier le caractère de la filiation; c'est à l'époque où, les père et mère ont eu commerce ensemble, c'est-à-dire au moment *de la conception* et non pas à celui de la naissance. De là il suit :

Que la légitimation est impossible alors même que la cause qui a rendu adultérine *la conception* de l'enfant avait, à l'époque de la naissance cessé d'exister;

Et qu'à l'inverse, la légitimation est possible dès que *la conception* de l'enfant n'a été ni adultérine ni incestueuse, quoique d'ailleurs à l'époque de sa naissance, le commerce de ses père et mère ait été adultérin.

62. — Quant à l'époque même de la conception, on aura recours pour la déterminer aux règles déposées dans les articles 312 et suivants.

Pierre est marié, il vit en concubinage, il devient veuf et dans les six mois de la dissolution du mariage sa concubine accouche. Pierre pourra-t-il, en se mariant avec sa concubine, légitimer l'enfant qu'il a eu d'elle? Non, car la conception se place à une époque où Pierre étant engagé dans les liens du mariage, le commerce qu'il a eu avec la mère de l'enfant, était un commerce adultérin.

Paul vit en concubinage, pendant ce temps il épouse Julie. *Moins de six mois* après la célébration du mariage, sa concubine accouche. Paul pourra-t-il, en admettant qu'il devienne veuf, légitimer l'enfant qu'il aura eu de sa concubine en épousant celle-ci? Oui, car à l'époque ou se place la conception, Paul et sa concubine étant libres tous les deux, la conception n'a pas été entachée d'adultère.

63. — L'article 331 n'écarte de la légitimation que les enfants dont les père et mère au moment de la conception, étaient tous deux ou l'un d'eux seulement, engagés dans les liens matrimoniaux, ou étaient unis par la parenté à un degré prohibé pour le mariage. Les termes de cet article sont bien clairs, ils ne visent formellement que ces cas, aussi comprend-on difficilement que certains auteurs aient enseigné que la légitimation

était impossible, lorsque au moment de la conception les père et mère étaient, par une raison quelconque, dans l'impossibilité de s'unir entre eux par le mariage (1). Qu'il en fut ainsi en Droit romain et dans le Droit antérieur au Code, je le veux bien, mais encore une fois, en présence des termes de l'article 331, il n'est guère d'équivoque possible.

64. — Je crois du reste, qu'il importe peu que les père et mère aient ignoré la parenté ou l'alliance qui les unissait, ou que l'un d'eux n'ait pas su que l'autre était engagé dans les liens du mariage ; leur commerce n'en est pas moins incestueux ou adultérin (2).

65. — Mais que faudrait-il décider au cas où l'erreur des père et mère procéderait d'une pièce authentique à laquelle ils devaient ajouter foi ?

Julie se croit veuve, un procès-verbal de la mort de son mari lui a été remis ; aux yeux de tous ce mari n'existe plus. En cet état, elle entretient des relations avec Jacques et devient mère. Cependant, il y a eu erreur de la part de l'autorité qui a

______

(1) Ainsi, dans cette opinion, une jeune fille de treize ans par exemple (art. 144) qui aurait un enfant, ne pourrait lorsqu'elle aurait l'âge requis le légitimer en épousant le père ; une femme veuve qui aurait un enfant dans les dix mois qui suivent la dissolution de son mariage (art. 228), ne pourrait, ces dix mois révolus, le légitimer par son mariage avec le père. Je crois cependant que bien peu de personnes doutent que dans ces deux cas, à part bien entendu l'inceste et l'adultère, la légitimation ne puisse avoir lieu.

(2) M. Demol., T. V, n° 349.

dressé le procès-verbal, le mari de Julie existe parfaitement. Faut-il dire que celle-ci ne pourra, au cas où elle deviendrait réellement veuve, légitimer l'enfant qu'elle a eu des œuvres de de Jacques, en épousant celui-ci? Pothier enseigne qu'elle le pourra et il faut avouer que, la position exceptionnelle où s'est trouvée la femme dans notre espèce, porterait à admettre cette opinion. Cependant, quelques auteurs, entre autres M. Demolombe, tout en reconnaissant l'intérêt qu'inspire ici l'absence de toute idée d'adultère chez les père et mère, reculent devant les conséquences. En admettant que la légitimation pourrait avoir lieu, il faudrait forcément aller jusqu'au bout et refuser au mari le droit de demander la séparation de corps. La femme bien que se croyant veuve a commis une faute, elle doit supporter toutes les conséquences de cette faute, même celles qu'elle ne pouvait prévoir d'abord.

66. — L'inceste, avons-nous dit, est l'union illicite de deux personnes parentes ou alliées à un degré prohibé par la loi pour le mariage. (Voy. les articles 161 à 163), mais l'article 164 modifié par la loi du 16 avril 1832, permet au chef de l'État d'accorder certaines dispenses. D'où cette question : Les enfants nés hors mariage de personnes qui, à cause de leur degré de parenté ou d'alliance, ne pouvaient se marier sans une dispense, peuvent-ils être légitimés par le mariage de leur père et mère contracté en vertu de la dispense que ceux-ci ont obtenue? Question controversée en Doctrine et en Jurisprudence.

67. — Un arrêt de la cour d'Amiens, du 14 janvier 1864, décide que la dispense, en rendant possible le mariage, fait

disparaître le vice qui entachait la conception et que rien ne
s'oppose dès lors à la légitimation. Voici les motifs de cet arrêt:
« Considérant que l'inceste civil se trouvant pleinement effacé
pour les père et mère admis à la faculté de s'unir, on doit en
conclure que l'obstacle, levé pour deux, doit l'être également
en ce qui concerne la reconnaissance et la légitimation des enfants issus de leurs précédentes relations; — qu'on ne peut
prétendre que les dispenses n'ont aucune force rétroactive et ne
doivent avoir d'effet que pour l'avenir; — qu'il serait injuste et
illogique de faire retomber sur les enfants les conséquences
d'une faute n'ayant d'autre origine qu'une prohibition qui, en
cessant, par le bienfait des dispenses, fait disparaître la
faute elle-même; — que le législateur, ne peut avoir voulu
que les enfants issus du même père et de la même mère fussent,
selon les dates de leur naissance, les uns incestueux et flétris
par la loi et les autres jouissant des avantages de la faveur de
la légitimité. » (C. d'Amiens, 14 janvier 1864).

D'un autre côté, la cour de Douai, par arrêt de même date,
la cour de Dijon, par arrêt du 15 février 1866 et la cour de
Colmar, par arrêt du 13 mars 1866, décident que le texte de
l'article 331 empêche la légitimation de toute espèce d'enfants
incestueux.

L'arrêt de la Cour de Colmar est ainsi motivé : « Attendu
que la légitimation des enfants étant d'institution civile, la société a le droit et le devoir de refuser les honneurs de la famille
civile aux incestueux et aux adultères, qui violent ses lois et
l'attristent de leurs désordres; que faire espérer aux inces-

tueux et aux adultères qu'une amnistie utérieure viendrait effacer pour eux et pour les fruits de leur crime moral, toute flétrissure ou incapacité, c'eût été encourager la fréquence du scandale, et priver notamment la femme, sollicitée aux relations incestueuses, de son plus énergique moyen de défense, la crainte d'imprimer à l'enfant qui naîtrait de ces relations une honte ineffaçable; — Qu'il y a, en outre, dans cette défense imposée par la loi aux incestueux, aux adultères, de donner aux enfants nés de leur faute le nom de fils, la plus terrible punition, et qu'il pourrait y avoir danger social à l'affaiblir. » (C. de Colmar, 13 mars 1866.)

Par trois arrêts identiques du 22 juin 1867, la Cour de Cassation a confirmé l'arrêt de la Cour d'Amiens et cassé les arrêts de la Cour de Douai et de Colmar, par ces motifs : « Attendu que si la règle de l'article 331 est générale et absolue, quand il s'agit d'enfants nés d'un commerce adultérin, il en est autrement, quand il s'agit d'enfants nés d'un commerce incestueux; — Attendu que ceux dont les père et mère ont obtenu du gouvernement les dispenses qui leur étaient nécessaires pour se marier, dans les cas prévus par les articles 162, 163 du Code Napoléon et par la loi du 16 avril 1832, ne peuvent être mis sur la même ligne que ceux dont les père et mère n'ont pas obtenu ces dispenses, et que le droit nouveau n'a, pas plus que l'ancien, privé les premiers du bénéfice de la légitimation, qu'il a refusé aux seconds; — Qu'on objecte en vain les termes de l'article 335, puisque ce n'est pas au fruit de l'inceste, mais d'une union purgée, par l'effet des dispenses, de son vice originel, que la reconnaissance et la légitimation profitent; — Qu'on objecte encore que cette interprétation est contraire à l'article 331, qui a pour but de conserver intacte la pureté des relations de famille; mais que cet intérêt est protégé bien mieux par la sévérité que le gouvernement apporte dans l'octroi des dispenses, que par le refus qu'on ferait d'appliquer à un mariage qu'il a permis l'un de ses effets les plus salutaires; — Qu'on ne peut admettre que, quand les dispenses ont été accordées, le législateur ait voulu réhabiliter les auteurs de la faute, sans effacer la tache qui en est résultée pour ceux qui lui doivent l'existence, et introduire dans la nouvelle famille qu'il permet de créer des causes incessantes de division, en assurant les honneurs et les avantages de la légitimité aux enfants nés depuis le mariage, et en ne laissant à ceux qui sont nés antérieurement que la flétrissure et les incapacités de recevoir qui dérivent d'une origine incestueuse. » (C. de Cass., 22 janv. 1867.)

68. — Eh bien ! je n'hésite pas à dire de suite que la doctrine suivie par la Cour suprême est en opposition formelle avec les termes et l'esprit de l'article 331; l'arrêt précité, ainsi que l'arrêt de la Cour d'Amiens, qu'il confirme, ne font autre chose que créer une loi contre la loi.

La légitimation a ses partisans nombreux et convaincus, et cependant, il me semble difficile de rester longtemps de bonne foi, en présence des termes si clairs de l'article 331. A l'égard des enfants incestueux, la règle est aussi nette et absolue qu'à l'égard des enfants adultérins; dans les deux cas, il y a mêmes raisons, et le juge n'a pas le pouvoir d'établir une distinction qui n'existe pas dans la loi. La dispense n'efface point le passé ; elle ne fait que lever l'obstacle existant pour le mariage. Et puis, l'article 331 disant formellement que les enfants incestueux ne pourront être légitimés par le mariage subséquent de leurs père et mère, suppose par conséquent que ce mariage sera possible dans certains cas, sans quoi cette disposition de l'article 331 n'eût rien signifié. Or, quelles sont les personnes qui, ayant eu des enfants incestueux, peuvent se marier ensuite à l'aide de dispenses ?

Ce sont : l'oncle et la nièce, la tante et le neveu, le beau-frère et la belle-sœur ; c'est donc à l'enfant que ceux-ci auraient eu avant leur mariage, enfant qui est le fruit de l'inceste, que s'applique l'article 331.

Et l'article 335, que dit-il ? « Cette reconnaissance ne pourra avoir lieu au profit des enfants nés d'un commerce incestueux ou adultérin. »

Or, si la reconnaissance ne peut avoir lieu, il en est de même de la légitimation, puisque la légitimation n'a lieu qu'autant que la reconnaissance a été faite. La loi a voulu, dans l'intérêt des bonnes mœurs et pour la paix des familles, mettre un frein aux rapports incestueux, en retirant aux parents et alliés l'espoir de légitimer plus tard les enfants nés de leur crime.

Il faut bien avouer que les partisans de la légitimation invoquent en sens inverse des considérations qui ont bien leur poids. Il est vrai qu'en ne permettant pas la légitimation, on punit la victime, tandis que les coupables sont amnistiés; il est vrai encore que, dans le cas où il naîtrait d'autres enfants du mariage, on aura deux classes d'enfants traités tout différemment par la loi, bien qu'issus du même père et de la même mère; mais encore une fois, c'est la loi, il appartient au législateur seul de la modifier (1).

69. — Les père et mère peuvent légitimer leur enfant naturel, même après sa mort, lorsqu'il a laissé des descendants légitimes; la légitimation profite alors à ces descendants, qui prennent alors, avec le titre de petit-fils légitime, rang dans la famille des deux époux. (Art. 332.)

II. — DES CONDITIONS DE LA LÉGITIMATION.

70. — L'article 331 soumet la légitimation à deux conditions : 1° *Il faut qu'il y ait reconnaissance de l'enfant par ses père et mère.* Cette reconnaissance peut être faite avant le mariage, mais elle doit l'être au plus tard dans l'acte même de célébration.

La loi a voulu que la filiation fût certaine au moment du mariage, sans cela, rien n'eût été plus facile aux personnes qui n'avaient point eu d'enfants de se créer une famille légitime en dehors des formes et conditions de l'adoption. C'est pour-

(1) MM. Mourl., t. 1, p. 476; Demol., t. v, n° 352; Duverg., sur Toul., t. ii, n° 933; Aubry et Rau, sur Zach., t. iv, p. 596.

quoi l'enfant, pour pouvoir être légitime, doit avoir été reconnu avant le mariage ou au moins dans l'acte même du mariage. La reconnaissance faite *pendant* le mariage ne légitimerait donc pas l'enfant.

71. — Du reste, il importe peu que cette reconnaissance résulte d'un acte authentique ou d'un jugement ; en autres termes, qu'elle soit *volontaire* ou *judiciaire*, elle produit toujours le même effet ; c'est un point généralement admis aujourd'hui, malgré quelques dissidents.

72. — 2° Il faut *qu'il y ait mariage*.

Le mariage est, comme la reconnaissance, de toute nécessité ; mais tout mariage qui produit des effets civils opère la légitimation, même le mariage *in extremis*, même le mariage *putatif*.

73. — Dès que ces deux conditions concourent, la légitimation s'opère par le fait de la loi, indépendamment de la volonté des père et mère, et du consentement de l'enfant. Les père et mère sont les maîtres, il est vrai, de ne pas reconnaître leur enfant, de ne pas se marier ; mais dès qu'ils l'auront fait, la légitimation s'opérera ; c'est cette faculté que la loi a eu en vue, lorsqu'elle dit : *pourront être légitimés*.

III. — DES EFFETS DE LA LÉGITIMATION.

74. — La légitimation est un bienfait de la loi dont l'effet est de faire considérer comme étant nés depuis le mariage de leurs

père et mère les enfants nés d'un concubinat antérieur. Aussi, nous dit l'article 333 : « Les enfants légitimés par le mariage subséquent auront les mêmes droits que s'ils étaient nés de ce mariage. »

Ainsi, les enfants légitimés sont sur la même ligne que les enfants légitimes ; mais la fin de l'article 333 : « *Que s'ils étaient nés de ce mariage*, » nous montre bien que ces droits ne s'ouvrent pour l'enfant légitimé que *du jour du mariage*, et en présence d'un texte aussi clair, il semble qu'il ne devrait pas y avoir lieu à discussion. Le droit romain admettait la rétroactivité de la légitimation au jour de la conception, et c'est même pour cela que ce droit exigeait que les père et mère ne fussent, au moment de cette conception, frappés *d'aucune* incapacité empêchant leur mariage ; mais notre Code a admis la fiction contraire.

Ce n'est pas le mariage et la légitimation qui remontent au jour de la conception, mais bien la conception et la naissance qui descendent au jour du mariage, et par suite au jour de la légitimation : *Dies nuptiarum, dies est conceptionis et nativitatis legitimæ*. De là il suit, comme conséquences :

1° Que l'enfant légitimé n'a aucun droit sur les successions des parents de son père et de sa mère, décédés depuis sa conception ou même depuis sa naissance, mais avant sa légitimation ;

2° Que si l'un ou l'autre de ses père et mère a eu des enfants d'un mariage antérieur à sa légitimation, le droit d'aînesse appartient à ces enfants, quand même leur naissance serait en fait postérieure à la sienne.

Cette dernière conséquence a moins d'importance aujourd'hui que le droit d'aînesse n'existe plus. Cependant, elle ne serait pas sans application : l'article 13, 3° de la loi du 21 mars 1832, sur le recrutement de l'armée, exempte l'aîné d'orphelins de père et de mère. Cependant, M. Demolombe (t. V, n° 370) enseigne que, dans cette hypothèse particulière, la loi entend exempter l'aîné *d'âge*, comme étant celui qui est le plus propre à être le soutien de sa famille.

75. — Que s'il y a plusieurs enfants légitimés par le mariage des père et mère, on pourra se demander quel est l'aîné? Nous croyons qu'il faudra décider que c'est celui qui est le plus âgé.

76. — La légitimation d'un enfant naturel n'est pas sans influence sur les donations. Elle les révoque lorsque l'enfant légitimé est *né depuis la donation.* Cette disposition, qui n'existait pas dans l'ancien droit, est sage; le donateur, en effet, qui avait un enfant naturel au moment où il a consenti la donation, et qui savait qu'il pouvait le légitimer, n'a point fait cette donation sans en apercevoir les conséquences.

APPENDICE

De l'adoption des enfants naturels reconnus.

77. — Un enfant naturel qui a été reconnu peut-il être adopté par celui qui a fait cette reconnaissance ?

C'est là une des questions qui ont été le plus débattues. En doctrine, les controverses les plus vives se sont élevées, et bien des auteurs n'ont pu se résoudre à adopter une opinion définitive.

Toullier a enseigné tour à tour que l'adoption était permise et qu'elle était défendue.

Merlin a changé trois fois d'opinion. En jurisprudence, il n'y a pas de solution plus nette.

C'est d'abord la Cour de Riom qui se décide en faveur de l'adoption, et la Cour de Cassation qui confirme cet arrêt le 28 avril 1841. Puis cette même Cour de Cassation revient sur sa première décision et déclare que l'adoption d'un enfant naturel reconnu est impossible. (Arrêt C. Cass., 16 mars 1843.) — Enfin, je vois un arrêt de cassation du 3 juin 1861, ainsi motivé : « Attendu que l'existence d'enfants naturels ne fait pas obstacle à l'adoption ; que cette interprétation de l'article 343 est conforme, non-seulement à son texte, mais encore à son esprit ; — Attendu que l'adoption opère en faveur de l'enfant naturel un changement d'état qui l'assimile à l'enfant légitime. » (C. Cass., 3 juin 1861.)

La question est d'une grande importance : il y a là un problème intéressant la société en général et cette classe d'enfants en particulier, dont la condition malheureuse est la conséquence de la faute de leurs auteurs ; aussi, est-il regrettable que le législateur de l'an XI, perdant de vue la question qui, cependant, avait été prévue et discutée précédemment, l'ait laissée en litige, ouvrant ainsi le champ à des discussions qui n'ont jusqu'ici produit qu'une plus grande incertitude.

Du mutisme de la loi, des tergiversations des jurisconsultes les plus éminents, je conclus qu'il faut renoncer à trouver une solution définitive, jusqu'à ce que le législateur ait lui-même tranché la question. Or, lorsqu'un point est passé sous silence par la loi, et que la matière ne fournit d'ailleurs aucun élément de décision juridique, c'est au juge de s'éclairer sur les faits, de les apprécier et de se décider par des considérations tirées de l'équité naturelle.

Ils prennent alors le parti qu'ils jugent le plus conforme aux intérêts de la société (1).

C'est ainsi que, dans la question qui nous occupe, le juge

____

(1) *Voir* le Discours de M. Portalis, à propos de l'article 4.

aura à examiner si l'adoption d'un enfant naturel reconnu par
son père est honnête, utile, équitable; dans ce cas, il la main-
tiendra. Cette adoption, au contraire, lui paraît-elle, à raison
des circonstances, dangereuse et contraire à l'ordre public, il
pourra alors refuser de l'homologuer ou même l'annuler, sur la
demande des parents intéressés, lorsque par erreur il l'aura
homologuée.

Quel danger, en effet, peut-on voir dans l'adoption qu'un
père fait de son enfant naturel reconnu, lorsque la mère est
décédée? Dira-t-on, dans ce cas, que l'adoption est impossible
parce que la faculté de légitimer existe? Mais cette légitimation
ne peut avoir lieu, puisque la mère est décédée. L'adoption est
donc le seul moyen qui reste au père de réparer, autant que
possible, la faute qu'il a commise; pourquoi la lui enlever?
Pour satisfaire la morale? Dans l'intérêt de la société? Mais je
crois bien plutôt que c'est le but contraire que l'on atteindrait.

Et puis, n'en déplaise à de graves autorités, dans cette défense d'adopter un enfant que l'on a reconnu, je vois pour
celui-ci un danger qui est pour moi un motif de plus d'incliner
vers l'adoption. Combien de pères, désireux de mettre le fruit
de leur faute dans la meilleure situation possible, ne le reconnaîtront pas afin de pouvoir l'adopter, et si la mort vient sur-
prendre ce père avant qu'il ait atteint l'âge requis pour adopter,
quelle sera la position de l'enfant!

Mais, dit-on, si l'on suit un tel raisonnement, il faut le
suivre jusqu'au bout et biffer d'un seul coup toutes les incapa-

cités dont le Code frappe l'enfant naturel, car, dans certains cas, la reconnaissance placera l'enfant dans une position pire que s'il n'avait pas été reconnu, et cette considération peut aussi arrêter les reconnaissances.—Je crois que cette objection déplace la question, elle la transporte sur des incapacités parfaitement énoncées ; or, il s'agit ici d'une hypothèse particulière, d'un cas spécial que la loi n'a pas réglé, sur lequel elle ne s'est prononcée *ni pour ni contre.*

Les principaux arguments que les adversaires de l'adoption ont fait valoir, peuvent se grouper ainsi : 1° La défense d'adopter son enfant naturel reconnu résulte de la nature même des choses, sinon d'un texte positif ; 2° Cette défense résulte encore, par induction, de certaines dispositions de la loi ; 3° Enfin, elle résulte de l'esprit général de la loi sur la matière.

Essayons de les combattre :

1° Aucun texte ne défend l'adoption d'un enfant naturel par le père qui l'a reconnu, cela est vrai, mais pourquoi ? Parce que une telle adoption est impossible, et que, par conséquent, il était tout à fait inutile d'introduire une disposition qui la prohibât. Qu'est-ce, en effet, que l'adoption ? Un contrat judiciaire qui établit entre l'adoptant et l'adopté, deux personnes jusque-là étrangères l'une à l'autre, des rapports *de paternité et de filiation.*

Quel est, de son côté, le résultat de la reconnaissance si ce n'est de créer, entre celui qui reconnaît et celui qui est reconnu, ces mêmes rapports de paternité et de filiation ? Dès lors que fera de plus l'adoption ? Peut-on donc créer ce qui existe déjà, et n'est-il pas contre la nature des choses d'admettre qu'un père puisse adopter comme son enfant, son propre enfant.

A cela je réponds : la loi n'a pas défini d'une manière positive l'adoption, vous donnez une définition appropriée à votre cause, j'en donne une appropriée à la mienne et je dis, que, l'adoption a pour effet de créer entre l'adoptant et l'adopté des liens de paternité et de filiation qui n'existaient point auparavant *ou qui existaient mais à un autre titre.*

Par l'adoption, en effet, l'enfant naturel n'est plus vis-à-vis de son père dans la position où l'avait mis la simple reconnaissance puisque d'enfant naturel reconnu il est devenu son enfant légitime.

Et remarquez-bien qu'il n'y a pas légitimation déguisée, faite en fraude de la loi (art. 331), l'adoption et la légitimation sont deux choses fort différentes ; les effets sont loin d'être les mêmes.

L'enfant légitime entre dans la famille de ses père et mère, l'adoption au contraire ne crée des liens qu'entre l'adopté et l'adoptant ; la légitimation fait naître, entre l'enfant légitime et ses père et mère, des droits réciproques de successibilité ; l'adoptant, au contraire, ne succède pas à l'adopté. Il est donc inexact de dire que l'adoption et la légitimation arrivent au même but. La position de l'enfant est moins avantageuse dans l'adoption, aussi je l'avoue, la légitimation devra-t-elle être encouragée et dans l'intérêt de l'enfant et dans celui de la société dont l'outrage se trouve ainsi réparé. Mais si, comme je l'ai dit plus haut, cette légitimation n'est pas possible par suite du décès de la mère ou parce que celle-ci est réellement indigne du nom d'un honnête homme, les juges devront-ils refuser au père un moyen d'améliorer le sort de son enfant ?

2°. — Je passe maintenant à l'argument tiré des textes. Examinez, dit-on, les dispositions de la loi sur l'adoption, vous verrez partout que l'adoption ne peut intervenir qu'entre personnes qui ne sont pas déjà liées entre elles par des liens de paternité et de filiation. L'article 346, qui exige que l'adopté rapporte le consentement *de ses père et mère*, l'article 347 qui veut que l'adopté joigne à son propre nom le nom de l'adoptant, les articles 348 et 349 qui portent que l'adopté reste dans sa famille et que l'obligation alimentaire subsiste entre lui et ses père et mère, le démontrent surabondamment.

C'est encore ici raisonner du général à un cas particulier ; le Code, en énonçant les dispositions citées plus haut, a statué sur *le plerum que fit* et cela est si vrai que, même en dehors de l'hypothèse de l'adoption d'un enfant naturel reconnu par son père, nous verrons ces dispositions inapplicables sans que cependant il vienne à l'esprit de personne de prétendre que l'adoption ne puisse avoir lieu. Supposez, en effet, un cas qui se présentera, du reste, fréquemment en matière d'adoption, celui où l'adopté est d'une famille inconnue ; l'adopté restera-t-il dans sa famille ? il n'en a point ; devra-t-il toujours des aliments à ses père et mère ? On ne les connaît pas ! Ajoutera-t-il à son nom celui de l'adoptant? Mais celui de l'adoptant sera le nom unique qu'il portera puisqu'il n'a pas de nom de famille, et cependant, je le répète, est-ce que l'adoption sera impossible pour cela ?

Passant à d'autres textes, on a dit : Que produira donc l'adoption que la reconnaissance n'ait déjà produit? Ce n'est pas de donner à l'adopté le droit de porter le nom de l'adoptant, puisque ce droit il l'avait déjà ; ce n'est pas non plus de créer une obligation alimentaire, elle existe. L'adoption ne produira qu'un effet, celui de donner à l'enfant naturel, des droits de succession plus étendus que s'il était resté simple enfant naturel. Or, c'est précisément cet effet que la loi prohibe, c'est justement en ce point que l'adoption sera une violation flagrante de la loi, qui, dans les articles 757, 908 a édicté contre l'enfant naturel des incapacités qui lui tiennent tant à cœur, qu'elle a pris les plus grandes précautions pour empêcher que l'on y contrevienne.

Mais l'enfant naturel, une fois adopté par le père qui l'a reconnu, n'est plus un enfant naturel, il est devenu enfant adoptif ; il s'est fait en sa personne *un changement d'état* (je reviendrai sur ce point tout à l'heure), par conséquent, les incapacités dont la loi frappe les enfants naturels, ne le regardent plus. Et que l'on ne dise pas que l'article 908 n'a plus alors de sanction, car à cela je réponds que nous voyons la loi permettre de faire par adoption ce que l'on ne pourrait faire par donation ni legs. Lorsque j'ai des héritiers réservataires, des ascendants par exemple, je ne puis disposer que de la quotité disponible ;

que j'adopte quelqu'un, ce quelqu'un, devenu mon enfant légitime excluera mes ascendants pour le tout, j'aurai donc fait par adoption ce que je n'aurais pu faire par donation ni legs.

3°. — L'adoption, a-t-on encore dit, ne peut changer l'état de l'enfant naturel, car l'adoption laisse subsister la condition originaire de l'adopté. L'enfant naturel adopté sera à la fois adoptif et naturel ; incompatibilité impossible. Admettons même qu'une telle incompatibilité puisse exister, si l'adoption donne des droits à l'adopté, ces droits, l'enfant naturel ne pourra en jouir car il sera toujours lui, sous le coup des incapacités dont la loi le frappe.

Si un argument me semble redoutable, ce n'est certes pas ce dernier. Certainement l'adoption laisse subsister la condition d'enfant naturel et il y a en la personne de l'adopté deux conditions, la condition originaire et celle d'enfant adoptif. Un oncle adopte son neveu, est-ce que l'adopté n'aura pas deux conditions et y aura-t-il incompatibilité ? Mais s'il y avait incompatibilité il faudrait dire que celle-ci est dans la nature même de l'adoption telle que notre Code l'a organisée ; il y a loin en effet de cette adoption à celle du vieux droit romain. Vous ne criez à l'incompatibilité que lorsqu'il s'agit de l'adoption d'un enfant naturel reconnu par son père ; il n'y a pas plus de raisons pourtant de le faire en ce qui touche cette adoption qu'en ce qui concerne toute autre.

Mais l'adoption sera inutile puisque les droits qu'elle confère viendront se heurter contre les incapacités inhérentes à la qualité d'enfant naturel qui subsiste en la personne de l'adopté.

A cela je fais une réponse analogue à la précédente. Dans l'adoption autre que celle de l'enfant naturel, est-ce que les droits qui naissent pour l'enfant adoptif sont paralysés d'une manière quelconque par la qualité originaire de l'adopté? Evidemment non. Prenez un exemple : j'adopte mon neveu ; qu'après ma mort il demande la réduction des donations et legs que j'aurai faits, les donataires et légataires peuvent ils lui dire : « de quel droit réclamez-vous cette réduction, l'adoption n'a pas détruit en vous la qualité de neveu du défunt, or, en cette qualité vous n'êtes nullement réservataire ? » Vous serez obligé d'admettre un tel langage pour être logique avec vous-même ; il vous faut aller jusqu'au bout et dire d'une manière générale que toute adoption est inutile.

(Voyez en ce sens : MM. Val sur Proud. II, p. 217 ; Duverg. sur Toullier, t. I, n° 988 ; Aubry et Rau sur Zach. t. IV, p. 638.

En sens contraire : MM. Demol. t. VI, n° 52 ; un article de M. Pont, dans la Revue de Législation, juin 1843, 6e livraison.

DEUXIÈME PARTIE.

Des Effets de la Filiation naturelle prouvée.

GÉNÉRALITÉS.

78. — C'est dans chaque matière du Code qu'il faut chercher les droits et les incapacités attachés à la filiation naturelle. Le législateur en traitant spécialement de celle-ci dans le chap. III du Titre septième, n'a parlé des effets de la filiation naturelle que dans un article, l'article 338 : « L'enfant naturel reconnu ne pourra réclamer les droits d'enfant légitime. Les droits des enfants naturels seront réglés au titre des successions. » Disposition laissant de l'obscurité sur bien des points et dont le laconisme semblerait absurde si l'on n'apercevait son caractère transitoire et si l'on ne savait l'intention du législateur de fixer dès lors les esprits sur un point important, celui de savoir si les enfants naturels reconnus, seraient par lui mis au rang des enfants légitimes.

79. — L'enfant naturel porte le nom du père ou de la mère qui l'a reconnu. Celui du père lorsqu'il a été reconnu par lui, celui de la mère lorsqu'il n'a été reconnu que par elle ; j'en dirai autant en ce qui touche la nationalité. Mais lorsque l'enfant a été reconnu tout à la fois et par son père et par sa mère, quelle condition suivra-t-il ? En Droit romain et dans notre ancien Droit, la question n'eut pas fait de doute ; elle était résolue par la règle : *Partus ventrem sequitur*. Pour nous elle ne saurait en faire davantage aujourd'hui ; l'esprit du Code en rapport avec nos idées modernes l'a parfaitement tranchée ; l'enfant naturel suit la condition de son père, lors même qu'il a été reconnu également par la mère. Lorsqu'en effet il y a reconnaissance du père et de la mère, cette double reconnaissance produit un effet analogue à celui du mariage ; c'est au père naturel de même qu'au père légitime que la loi attribue la puissance paternelle (art. 383), c'est également sa volonté, de même que la volonté du père légitime, qui l'emporte en cas de dissentiment, sur celle de la mère, lorsqu'il s'agit du mariage de l'enfant (Art. 148 et 158). Enfin, de même qu'un enfant légitime, l'enfant naturel prend le nom de son père. Or la loi, qui attribue ces effets à la double reconnaissance a dû lui attribuer le même effet quant à la nationalité (1).

80. — Il est vrai que le Code n'attribue pas expressément à l'enfant naturel reconnu le droit de porter le nom de son père,

_____

(1) Voir MM. Val. sur Proud., I, p. 122; Demol., I, n° 149. Cette doctrine est repoussée par M. Mourlon (T. I, 93), qui pense, avec M. Duranton, que le Code Civil a laissé subsister l'ancienne règle : *Partus ventrem sequitur*. Pour lui, l'enfant ne prend pas nécessairement le nom de son père; il prend celui de la mère, si c'est elle qui l'a reconnu la première dans l'acte de naissance, et sa nationalité est indépendante du nom qu'il porte. Je ne saurais admettre cette opinion.

mais il ne l'attribue pas non plus à l'enfant légitime qui a ce droit pourtant. L'ancienne Jurisprudence, si dure pour les enfants naturels, permettait à ceux-ci de porter le nom du père qui les avait reconnus et il faut avouer que la transmission du nom est le plus souvent un mobile déterminant de la reconnaissance. Du reste tout le monde est d'accord sur ce point.

81. — La reconnaissance produit encore les effets suivants :

Elle établit certains liens de parenté.

Elle confère aux père et mère le droit de puissance paternelle.

Elle établit, entre l'enfant et son père ou sa mère, un droit de successibilité réciproque, mais quant à l'enfant ce droit est moins étendu que celui qui appartient aux enfants légitimes (Art. 757 à 759 et 765).

Elle rend l'enfant incapable de recevoir de ses père et mère, par donation ou legs, au-delà de ce qui lui est accordé au titre des successions (Art. 908).

Nous étudierons bientôt ces divers effets dans tous leurs détails.

82. — Disons de suite que ces effets sont les mêmes, que la reconnaissance résulte d'un acte spontané du père ou de la mère, ou qu'elle provienne d'un jugement. Autrement dit, pour me servir des termes consacrés par la Doctrine, que la reconnaissance soit *volontaire* ou *forcée*. Ils sont les mêmes en-

core, nous le savons, *quelle que soit l'époque à laquelle cette reconnaissance ait été faite.*

83. Cette dernière proposition cependant souffre une exception dans un cas ; celui dont nous parle l'article 337.

Art. 337 : « La reconnaissance faite pendant le mariage par l'un des époux au profit d'un enfant naturel qu'il aurait eu avant son mariage, d'une autre que de son époux, ne pourra nuire ni à celui-ci ni aux enfants nés de ce mariage.

Néanmoins, elle produira son effet après la dissolution du mariage, s'il n'en reste pas d'enfants. »

Le motif de cette restriction est le maintien de la bonne harmonie du ménage. L'époux en reconnaissant un enfant qu'il a eu avant son mariage d'un autre que de son conjoint, blesse très vivement la juste susceptibilité de celui-ci et peut faire naître au sein de l'union conjugale une cause perpétuelle de trouble. Cet écueil, le législateur a voulu l'éviter et c'est là qu'il faut chercher la pensée qui a dicté la disposition de l'article 337; c'est l'intérêt de la concorde et non celui des enfants; ceux-ci en profitent, il est vrai, mais ce n'est point à eux directement que le Code a sacrifié ici les intérêts de l'enfant naturel.

« Il ne faut pas, disait M. Bigot-Préameneu, que l'un des époux puisse changer après son mariage le sort de sa famille légitime en y appelant des enfants naturels qui demanderaient une part dans les biens : *Ce serait violer la foi sous laquelle le mariage a été contracté.* »

Du reste, remarquons-le bien, la reconnaissance faite pendant le mariage *n'est pas nulle*, la loi n'a point défendu de faire une reconnaissance pendant le mariage ; elle en paralyse seulement les effets pour les motifs que nous venons de voir.

84. — De tout ce que nous venons de dire, il résulte comme conséquences :

1° Que la reconnaissance, même faite pendant le mariage, est pleinement efficace à l'égard de toute personne autre que le conjoint de celui qui l'a faite et les enfants nés de ce mariage. Ainsi, par exemple, elle produit tous ses effets à l'égard des enfants que son auteur a eus d'un mariage antérieur ou postérieur, et à plus forte raison à l'égard des ascendants et collatéraux.

L'enfant naturel, reconnu au mépris de la foi du mariage, ne succède point en concours avec les enfants légitimes nés de ce mariage (art. 757). Lorsque l'époux qui l'a reconnu, meurt sans laisser de parents au dégré successible, toute sa succession est dévolue à son conjoint, car l'enfant naturel ne pouvant nuire à celui-ci, est comme s'il n'existait pas. L'auteur de la reconnaissance laisse en mourant, je suppose : 1° des ascendants ou des collatéraux ; 2° son conjoint ; 3° son enfant naturel reconnu ; ici la reconnaissance produira son effet ordinaire, car, ces effets ne nuiront pas au conjoint, puisque celui-ci est déjà exclu par les ascendants ou collatéraux ; or, à l'égard de ces ascendants ou collatéraux nous savons que la reconnaissance conserve toute son efficacité.

2° Que la reconnaissance, même faite pendant le mariage, peut produire durant ce mariage, tous les effets qui ne nuisent ni au conjoint ni aux enfants issus du mariage. — Ainsi, je n'hésite pas à dire que l'enfant naturel, même lorsqu'il a été reconnu pendant le mariage, a le droit de porter le nom de celui qui l'a reconnu, qu'il est soumis à la puissance paternelle de son auteur. Mais a-t-il le droit de lui réclamer des aliments? Je ne résoudrai pas la question d'une manière absolue ; il y a là une question de fait. L'auteur de la reconnaissance a-t-il personnellement la jouissance de ses biens? Peut-il fournir les aliments, sans que cela nuise en rien à son conjoint et aux enfants issus de son mariage? je crois que la prétention de l'enfant naturel sera parfaitement fondée ; dans le cas contraire, elle devrait être rejetée. L'obligation de fournir des aliments reste personnelle à l'auteur de la reconnaissance et ne tombe point à la charge de la communauté. (C. Cass., 16 déc. 1861).

Mais il faudrait rejeter la demande d'aliments faite par l'enfant contre la succession de celui qui l'a reconnu. Cette décision me paraît ressortir des dispositions même de l'article 337 qui ne veut pas que la reconnaissance puisse nuire au conjoint ni aux enfants nés du mariage.

85. — Pour que l'article 337 soit applicable, il faut que deux conditions concourent :

1° Que la reconnaissance ait été faite *pendant* le mariage ;

2° Qu'elle ait été faite au profit d'un enfant que l'époux qui l'a reconnu, avait eu *d'un autre que de son conjoint.*

86. — Il faut, disons-nous, qu'elle ait été faite pendant le mariage; faite *antérieurement*, elle produirait tous ses effets, car alors on ne pourrait plus reprocher à son auteur d'avoir trompé son conjoint. Il y a plus; cette reconnaissance produirait encore ses effets, bien que l'époux qui l'a fait *l'ait tenue secrète;* il est vrai que dans ce cas on pourrait craindre, tout aussi bien que dans celui où la reconnaissance a été faite pendant le mariage, qu'elle soit une cause de désunion entre les époux, mais ici, il y a une autre considération devant laquelle on a dû s'arrêter; la reconnaissance a donné des droits à l'enfant naturel, des droits acquis, qu'on est bien obligé de respecter.

Que si la reconnaissance faite antérieurement au mariage était entachée d'une cause d'annulation, la ratification qu'en ferait l'époux pendant le mariage n'empêcherait pas cette reconnaissance de produire ses effets, car, si elle a été ratifiée pendant le mariage, elle a été *faite avant*, et dans ce cas l'article 337 n'est pas applicable.

L'article 337 n'est pas non plus applicable au cas où la reconnaissance est faite *postérieurement* à la dissolution du mariage et cela, bien qu'il existe des enfants de ce mariage.

87. — La seconde condition, avons-nous dit, pour que l'art. 337 soit applicable, c'est que l'enfant reconnu par l'un des époux, soit d'un autre que le conjoint de celui-ci. Si en effet, l'enfant reconnu par l'un des époux, est également l'enfant de

l'autre époux, les considérations qui ont dicté l'article 337 n'existent plus, il n'y a plus à craindre pour la paix du ménage. Peu importe, du reste, que la preuve résulte d'une reconnaissance volontaire ou d'une reconnaissance forcée, que cette reconnaissance soit concommittente, antérieure ou postérieure à celle de l'autre époux.

88. — Une question a été vivement controversée, c'est celle de savoir si l'art. 337 s'applique aussi bien à la reconnaissance *forcée* qu'à la reconnaissance *volontaire*.

La solution ne saurait être douteuse pour nous qui admettons que la reconnaissance, qu'elle soit volontaire, qu'elle soit forcée, produit toujours les mêmes effets. Voici toutefois les arguments que l'on a fait valoir pour soutenir que l'article 337 n'avait pas trait à la reconnaissance résultant d'un jugement.

Les termes de l'article 337 : « la reconnaissance *faite par l'un des époux...* » montrent bien qu'il s'agit d'une reconnaissance faite volontairement ; si la loi eut entendu étendre sa disposition aux deux cas de reconnaissance volontaire et forcée, elle se fut exprimée autrement ; elle eut dit par exemple : « La reconnaissance faite *par* ou *contre* l'un des époux... » Et ce qui prouve encore que la loi n'a pas dû arrêter sa pensée sur le cas d'une reconnaissance forcée c'est que pour celle-ci il n'y avait plus les mêmes raisons de restreindre les effets de la reconnaissance ; on ne rencontre point dans la reconnaissance forcée, ce manque de foi qui peut troubler la paix domestique. L'art. 337 a introduit une exception, or, les exceptions ne s'étendent pas d'un cas à un autre, surtout lorsque les deux cas ne sont pas parfaitement identiques. Et d'ailleurs c'est un droit sacré et imprescriptible que celui de rechercher ses auteurs ; le père ou la mère de l'enfant n'ont donc pas pu le lui enlever en se mariant (1).

La réponse à ces divers arguments est facile.

Et d'abord, la distinction que l'on croit voir dans l'art. 337 entre la reconnaissance volontaire et la reconnaissance forcée est tout-à-fait arbitraire, elle n'existe que dans l'esprit des auteurs qui en ont besoin pour le soutien de leur opinion ; nous ne trouvons nulle part dans la loi cette distinction et partout, au contraire, nous la voyons mettre la reconnaissance volontaire et la reconnaissance judiciaire sur le même rang quant aux effets qu'elles produisent. Je ne vois pas du reste, dans le cas particulier où nous sommes, pourquoi la loi n'eut pas restreint les effets de la reconnaissance forcée intervenant durant le mariage aussi bien que ceux de la reconnaissance volontaire. Réfléchissez et vous verrez que les motifs sont les mêmes et pour l'une et pour l'autre. La reconnaissance forcée, dites-vous, n'émanant pas de la volonté, ne constitue pas un manque de foi et l'on n'a pas lieu de craindre que la paix du ménage en soit altérée. Je le nie ; ce qui troublera la bonne union des époux, ce n'est pas le manque de foi, mais bien les conséquences de la reconnaissance ; or, ces conséquences seront les mêmes qu'il s'agisse d'une re-

(1) Voir MM. Toullier, t. ii, n° 968 ; Val. sur Proud. p. 146 ; Duc. Bon. et Rouv. sur l'art. 337.

connaissance volontaire ou d'une reconnaissance forcée ; et d'ailleurs, écartant toute considération du préjudice, j'ai peine à croire que l'époux, qui verra prononcer contre son conjoint un jugement le déclarant l'auteur d'un enfant qu'il a eu avant son mariage, soit toujours disposé à vivre en bonne intelligence avec lui.

Quant au droit qu'a l'enfant de rechercher ses auteurs, je le reconnais, mais de ce que ce droit lui appartient, il ne s'en suit pas que la loi n'ait eu le pouvoir, non pas de la lui retirer, elle ne l'a pas fait, mais d'en paralyser l'effet dans certaines circonstances et en vue de considérations d'ordre public. Les père et mère ont aussi le droit de reconnaître leur enfant, ce droit est inaliénable et cependant la loi en a bien aussi suspendu l'effet dans le cas prévu par l'art. 337 (1).

89. — Nous dirons donc, et c'est l'opinion généralement adoptée aujourd'hui, que l'article 337 embrasse dans sa disposition les deux reconnaissances. — C'est ainsi que l'a décidé un arrêt de la Cour de Cassation du 16 décembre 1861 : « Attendu que cette distinction (entre la reconnaissance volontaire et la reconnaissance judiciaire), ne résulte ni du texte ni de l'esprit de la loi ; qu'elle attribue des effets identiques à l'une et à l'autre reconnaissance et que ni l'une ni l'autre ne saurait produire un effet quelconque contre le conjoint et les enfants légitimes. » (C. Cass. 16 déc. 1861) (2).

(1) MM. Aubry et Rau sur Zach, t. ɪv, p. 693 ; Demol, t. v, nᵒ 466, M. Labbé, Journal du Palais 1860, p. 792.

(2) La disposition de l'art. 337 paraît s'appliquer à la reconnaissance faite par testament authentique, car, cette reconnaissance est faite aussi *pendant* le mariage quoiqu'elle ne doive produire ses effets qu'à la mort du testateur.

CHAPITRE PREMIER.

DES LIENS DE PARENTÉ QUI NAISSENT DE LA FILIATION NATURELLE.

90. — La reconnaissance établit un lien civil de parenté entre l'enfant naturel et celui qui l'a reconnu. Ce lien de parenté ne rattache point l'enfant *aux parents* de son père ou de sa mère; l'enfant naturel *n'entre point dans la famille de ceux-ci.*

La famille de l'enfant naturel peut donc comprendre au plus :

Son père,

Sa mère,

Ses propres descendants.

91. — Ainsi, il n'a point d'aïeul ni d'aïeule ni collatéraux, car la loi ne la rattache à ceux-ci par aucun lien civil : point de puissance paternelle, point d'obligation alimentaire, point de droits de succession (sauf le cas de l'article 766). La loi a été poussée par une considération d'ordre social lorsqu'elle a décidé que l'enfant naturel n'entrerait pas dans la famille de ses père et mère ; aussi le consentement, l'agrément des parents de ceux-ci ne saurait rien y faire.

92. — Voilà le principe, et si le législateur l'a fait fléchir dans certains cas, en attribuant un effet civil en dehors des liens de parenté que nous venons de voir, il s'en est expliqué (Voyez les art. 161 et 162) et il faut se garder d'introduire dans le Code des exceptions qui ne s'y trouvent pas. Je crois donc que, lorsqu'un texte emploie les expressions : *ascendants et descendants, frères ou sœurs* et même : *parents ou alliés* sans autre explication, il faut généralement s'en tenir aux termes et dire qu'ils ne comprennent que la parenté *légitime*. C'est pour avoir perdu de vue le principe que certains auteurs sont tombés dans l'erreur (1).

93. — Du reste, il n'est pas douteux que l'enfant naturel, une fois marié ne soit le père légitime de ses enfants ; il est le chef d'une famille entre les membres de laquelle existent tous les liens de la parenté civile.

94. — Je crois même qu'il faut admettre qu'il existe une parenté civile entre le père et la mère de l'enfant naturel légalement reconnu et les enfants légitimes de celui-ci. Entre l'enfant naturel reconnu et ceux qui l'ont reconnu, ce lien existe, on ne peut le nier ; il existe encore à plus forte raison entre cet enfant naturel et ses enfants légitimes ; il est donc la chaîne qui unit ceux qui l'ont reconnu à ses propres enfants légitimes. Aussi, voyons-nous l'article 759 admettre les descendants légitimes de l'enfant naturel prédécédé à exercer par représentation les droits de leur père dans la succession de ceux qui l'ont reconnu.

(1) Voy. entre autres : Zacharie et MM. Aubry et Rau, t. iv, p. 36.

Il peut donc y avoir un droit de successibilité entre les descendants légitimes de l'enfant naturel et les auteurs de celui-ci (1).

Mais, remarquons-le bien, malgré l'opinion contraire, ce droit n'est pas réciproque, en ce sens que le père et la mère de l'enfant naturel ne peuvent succéder à l'enfant légitime de leur enfant prédécédé. La loi ne leur a donné ce droit nulle part et, en une matière aussi spéciale que la nôtre, il faut bien se garder de créer des dispositions qui ne sont pas dans la loi (2).

CHAPITRE SECOND.

DE LA PUISSANCE PATERNELLE EN CE QUI CONCERNE LES ENFANTS NATURELS RECONNUS.

95. — La puissance paternelle peut être définie *lato sensu*, un droit fondé sur la nature et confirmé par la loi civile, qui donne aux père et mère, sous certaines conditions, la direction de leurs enfants et, en outre, l'administration et la jouissance de leurs biens. Ce droit de direction se décompose en droits : *d'é-*

(1) Suivant M. Demol, il y a aussi obligation alimentaire (V. t. IV, n° 219.)

(2) Voyez encore l'article 332 qui démontre bien que la parenté entre le père et la mère de l'enfant naturel et ses enfants légitimes n'est pas sans effet civil.

ducation, de garde, de correction. Le Code a tracé dans le titre neuvième, de l'article 371 à l'article 387 les règles de la puissance paternelle; nous renvoyons à ces articles.

96. — L'article 383 est le seul parmi eux qui nous parle de la puissance paternelle en ce qui concerne les enfants naturels reconnus. Voici les termes de cet article :

Article 383. « Les articles 376, 377, 378 et 379 seront communs aux père et mère des enfants naturels légalement reconnus. »

Cette énumération est incomplète, et les articles mentionnés ne sont pas les seuls applicables en matière de filiation naturelle. Un article du projet du Code était ainsi conçu : « Les articles du présent titre (De la Puissance paternelle) seront communs aux père et mère des enfants naturels légalement reconnus. » Si cette disposition eût été maintenue, tous les articles du titre eussent été applicables aux père et mère naturels comme aux père et mère légitimes, tous y compris ceux qui traitent de *l'usufruit légal;* or, on ne voulait pas qu'il en fut ainsi; certaines considérations défendaient d'accorder aux père et mère naturels le droit de jouissance légale (1); il fallut

______

(1) Voici, du reste, ce que disait M. Réal, dans son discours au Corps Législatif : « Le législateur qui a reconnu que la puissance paternelle, *uniquement fondée sur la nature*, ne reçoit de la loi civile qu'une confirmation, a dû, pour être conséquent, reconnaître aux père et mère naturels qui ont reconnu leur enfant *une puissance et des droits semblables à ceux auxquels donne naissance une union légitime.*

donc modifier l'article, mais on outrepassa le but dans la nouvelle rédaction, et ses termes, d'abord trop généraux, devinrent trop restreints.

97. — Qui pourrait douter que l'article 371, qui, cependant, n'est pas mentionné par l'article 383, ne soit applicable à l'enfant naturel? Ce précepte de morale que la loi a placé en tête du titre de la puissance paternelle : l'enfant, à tout âge, doit honneur et respect à ses père et mère, n'est-il pas fait pour lui aussi bien que pour l'enfant légitime?

Il est bien certain encore que l'article 372 est applicable ici, car si la loi accorde aux père et mère naturels *le droit de correction* (art. 376 à 379), elle leur accorde bien évidemment aussi le droit de direction sur l'enfant; il serait en effet peu compréhensible qu'elle leur eût refusé le droit, tout en leur donnant le moyen de l'exercer.

Disons donc que l'enfant naturel reste sous l'autorité de ses père et mère jusqu'à sa majorité ou son émancipation. Il est vrai, par la même raison, que l'article 374, qui défend à l'enfant de quitter la maison paternelle sans le consentement de son père, si ce n'est pour enrôlement volontaire, après l'âge de dix-huit ans révolus (aujourd'hui vingt ans, loi du 21 mars 1832, art. 32, n° 5), est applicable à l'enfant naturel.

98. — Je me résume : Le législateur a investi les père et mère naturels de la puissance paternelle, tout comme les père et mère légitimes, il ne leur a refusé que la jouissance légale

des biens de leur enfant, dont du reste il ne leur a pas non plus laissé l'administration.

99. — Les père et mère naturels ont donc sur leur enfant :

1° Le droit d'éducation ;

2° Le droit de garde ;

3° Le droit de correction.

Nous allons examiner chacun de ces droits ; mais disons dès à présent qu'à côté de ces droits, il faut placer le pouvoir discrétionnaire donné par la loi aux magistrats d'en réprimer les abus, d'en modifier, au besoin, d'en suspendre l'exercice. Et ce pouvoir discrétionnaire est plus étendu encore ici qu'en matière de filiation légitime, dont la régularité inspire plus de confiance au législateur, en ce qui touche l'observation des règles qui lui sont imposées.

I. — DU DROIT D'ÉDUCATION ET DU DROIT DE GARDE.

100. — Les père et mère naturels étant investis du droit de direction et d'éducation, ont aussi les moyens légaux de l'exercer. L'enfant naturel ne peut se marier sans demander, suivant les distinctions établies par la loi, tantôt le consentement, tantôt le conseil de ses père et mère (art. 158 et 159), et ceux-ci auront le droit : soit de former opposition au mariage, soit d'en demander la nullité, lorsqu'il a été célébré.

101. — Ainsi, l'enfant naturel ne pourra se donner en

adoption sans rapporter le consentement de ses père et mère, ou du moins sans requérir leur conseil. (Art. 346.) De même en ce qui concerne la tutelle officieuse. (Art. 361.)

De même encore s'il s'agit pour lui d'entrer dans les ordres ou de prononcer des vœux monastiques. (Loi du 28 février 1810, art. 4.)

102. — Mais auquel des deux, du père ou de la mère naturel, appartiendra le droit d'éducation et le droit de garde? La solution de cette question varie avec les circonstances, aussi faut-il la résoudre suivant les distinctions :

L'enfant n'a été reconnu que par son père ou par sa mère seulement; il n'y a pas de difficulté, les droits d'éducation et de garde appartiendront à celui qui l'aura reconnu.

Il n'y aura pas davantage de difficulté si le père et la mère ayant reconnu leur enfant, l'un d'eux est mort ou incapable d'élever cet enfant. Les droits d'éducation et de garde appartiendront bien évidemment à celui des deux qui aura survécu ou qui sera seul capable de les exercer.

103. — Mais supposons que le père et la mère aient tous deux reconnu l'enfant, que tous deux soient vivants, que tous deux soient capables d'exercer les droits d'éducation et de garde, lequel choisira-t-on? Auquel des deux confiera-t-on l'exercice de ces droits?

Les textes sont muets à cet égard, et il ne pouvait en être autrement; le législateur ne pouvait ici poser *à priori* des règles fixes, comme il l'a fait sur ce point en matière de filiation légitime. L'enfant légitime est élevé, gardé par ses parents, dont la position légale, régulière, offre bien plus de confiance que celle des père et mère naturels, qui, le plus souvent, vivent séparés l'un de l'autre, à leur guise, et suivant leurs goûts respectifs, et l'on conçoit que dans de telles conditions, l'enfant ne pouvait être sous une direction commune; il fallait opter; or, la loi ne pouvait le faire d'avance, je le répète; il y a là une question de fait dépendant de circonstances impossibles à prévoir tout d'abord.

104. — Toutefois je crois, en réservant bien entendu la part de ces circonstances, qu'il faut dire que les droits d'éducation et de garde appartiendront, en principe, au père naturel. D'abord, si le père et la mère naturels vivent ensemble maritalement, il me semble que cette solution ne serait pas contestable, mais je la maintiendrais encore au cas où ils vivraient séparés ; c'est dans ce cas surtout que je ne saurais bien comprendre l'opinion qui soutient que les droits d'éducation et de garde appartiennent concurremment au père et à la mère naturels, s'appuyant sur le silence de la loi; qui ne voit, du reste, que cela serait impraticable? L'un voudrait mettre l'enfant en pension, l'autre ne le voudrait pas; l'un voudrait pour lui tel établissement dont l'autre ne voudrait pas entendre parler. Ce serait un conflit permanent, au grand préjudice de cet enfant. Il faut donc encore une fois que l'un des deux la préférence sur l'autre.

Eh bien ! l'enfant porte le nom de son père, c'est déjà une

garantie, car ce père aura à cœur de rendre son enfant digne du nom qu'il lui a donné ; c'est le père que le Code met partout en première ligne ; il a la supériorité du sexe, et, en outre, ayant en général plus d'instruction que la mère, il est plus apte que celle-ci à diriger l'éducation d'un enfant. D'ailleurs, il ne faut pas perdre de vue dans tout cela, nous ne saurions trop le répéter, le pouvoir discrétionnaire des tribunaux.

II. — DU DROIT DE CORRECTION.

105. — L'article 383 rappelle expressément les articles 376, 377, 378 et 379 ; il résulte :

Que l'enfant naturel peut être détenu, suivant les distinctions faites par la loi, tantôt par voie d'autorité, tantôt par voie de réquisition (art. 376, 377).

Qu'il n'y a, dans l'un ou l'autre cas, aucune écriture ni formalité judiciaire, si ce n'est l'ordre même d'arrestation dans lequel les motifs n'en seront pas énoncés. — Le père est seulement tenu de souscrire une soumission de payer tous les frais et de fournir les aliments convenables. (Art. 378).

Enfin, que le père et la mère naturels peuvent abréger la durée de la détention de l'enfant, et que si l'enfant retombe dans les mêmes écarts, ils peuvent recourir de nouveau au même mode de correction. (Art. 379.)

106. — Voilà les articles qu'énumère l'article 383, mais nous avons vu que dans l'esprit des rédacteurs du Code Civil,

cette énumération n'était pas limitative, qu'au contraire leur intention avait été d'appliquer aux père et mère naturels toutes les règles relatives à la puissance paternelle, moins ce qui regarde la jouissance légale des biens propres à l'enfant.

Il faut donc dire que la loi, qui assimile les père et mère naturels aux père et mère légitimes, pour ce qui est du droit de correction, leur a rendu aussi applicables les articles 380, 381 et 382, qui ont trait à la manière de l'exercer (1).

107. — Nous dirons donc, en ce qui touche l'exercice du droit de correction :

1° Que le père naturel ne peut exercer les droits de correction que par voie de réquisition, quoique son enfant ait moins de seize ans commencés, *s'il a d'ailleurs des biens personnels ou un état* ;

2° Que le père qui épouse une femme autre que la mère de son enfant naturel, n'a jamais que la voie de réquisition ;

3° Que la mère ne peut jamais exercer le droit de correction que par voie de réquisition. Quant à la règle que la mère ne peut agir qu'avec le concours des deux plus proches parents paternels de l'enfant, comment l'appliquera-t-on? On ne pourra appeler de parents, puisque l'enfant naturel n'en a pas !

(1) Deux autres opinions se sont cependant produites : l'une, qui déclare inapplicables aux père et mère naturels les articles 380, 381, 382 ; l'autre, qui ne leur applique pas les articles 380 et 381, mais seulement l'article 382. V. M. Demol., t. v, n° 638 et suiv.

S'il a été reconnu par son père, c'est lui qui tiendra lieu des plus proches parents; s'il est mort, la mère appellera deux de ses amis; enfin, si le père est inconnu, il faudra bien que la mère agisse seule;

4° Que la femme qui épouse un homme autre que le père de son enfant est privée du droit de correction.

108. — Maintenant, à qui appartiendra le droit de correction? Ce droit est un corollaire du droit d'éducation, c'est un attribut de la puissance paternelle, il est donc logique d'en accorder l'exercice à celui qui aura cette puissance. Les règles que nous avons données pour ce qui regarde les droits d'éducation et de garde doivent donc être reproduites ici.

Si l'enfant n'a été reconnu que par son père ou sa mère, ou si l'ayant été par les deux, l'un ou l'autre soit incapable d'exercer l'autorité paternelle, le droit de correction appartient à celui qui aura reconnu l'enfant, ou qui sera seul capable de l'exercer. Que si le père et la mère l'ont reconnu tous deux et sont également capables, le droit de correction appartient au père, surtout si le père et la mère vivent ensemble maritalement. Toujours sauf le pouvoir discrétionnaire des tribunaux.

109. — Bien que le Code soit muet en ce qui concerne l'usufruit légal des biens propres à l'enfant naturel, nous savons à quoi nous en tenir sur ce point. Nous avons vu la modification apportée au projet montrer suffisamment la pensée du législateur, et sans cela même, le silence de la loi serait assez significatif, car l'usufruit *légal* ne peut exister qu'en vertu *d'une*

loi; or, aucun texte de loi n'attribuant aux père et mère naturels l'usufruit légal des biens de leurs enfants, cet usufruit ne saurait leur appartenir, et le motif en est très juste. L'enfant naturel possède plus rarement en propre que l'enfant légitime ; or, si le père naturel avait eu, comme le père légitime, un droit d'usufruit sur les biens de son enfant, comme les droits de celui-ci dans sa succession sont restreints, il serait arrivé le plus souvent que d'autres que cet enfant se seraient enrichis de ses revenus. Et puis, nous l'avons dit, si le père légitime a la jouissance légale des biens de son enfant, il a aussi la charge de l'administration de ses biens ; le père naturel, au contraire, du moins suivant l'opinion la plus générale (argument tiré des termes de l'article 389 : *durant le mariage;* de l'article 390 : *après la dissolution du mariage*), le père naturel n'a pas cette administration.

CHAPITRE TROISIÈME.

DE LA TUTELLE DES ENFANTS NATURELS RECONNUS.

110. — Le titre dixième du livre premier du Code traite de la minorité, de la tutelle et de l'émancipation ; il est muet en ce qui concerne les enfants naturels reconnus. Pour ce qui est de la minorité, il est clair que l'article 388, qui dit que le mineur est l'individu de l'un et l'autre sexe qui n'a pas atteint l'âge de vingt et un ans accomplis, s'applique à tous les mineurs, qu'ils soient enfants légitimes ou enfants naturels.

Nous en dirons autant de l'émancipation. Le droit d'émanciper son enfant dérive de la puissance paternelle, et nous avons vu que les père et mère naturels exercent la puissance paternelle sur leurs enfants. L'enfant naturel âgé de quinze ans révolus peut donc être émancipé par son père, et, à son défaut, par sa mère. (Art. 477.)

111. — Pour la tutelle, la question de savoir quand elle s'ouvre, par qui elle doit être déférée, a été, en l'absence de textes relatifs aux enfants naturels reconnus, l'objet de controverses.

Et d'abord, à quel moment s'ouvre la tutelle des enfants naturels reconnus ? Plusieurs systèmes se sont produits ; voici, en quelques mots, celui qui paraît prévaloir aujourd'hui. La tutelle des enfants naturels s'ouvre dès qu'ils ont des biens à administrer, par conséquent dès leur naissance, si, pendant qu'ils n'étaient que conçus, ils ont acquis, par donation ou succession des biens personnels.

Nous avons vu, en effet, que les père et mère naturels, bien qu'investis de la puissance paternelle, n'ont en aucun cas l'administration légale des biens de leur enfant. Mais si l'enfant naturel n'a pas de biens personnels, il n'y a pas lieu d'organiser en fait la tutelle ; la puissance paternelle suffit alors complètement au seul intérêt qui soit à protéger, c'est-à-dire à la garde de la personne.

112. — Maintenant, de quelle manière cette tutelle est-elle déférée ? Ici la question est plus délicate, et plusieurs opinions

ont été émises. Les uns ont soutenu que la tutelle des enfants naturels reconnus pouvait être légale, testamentaire ou dative; les autres qu'elle ne pouvait être que légale ou dative; d'autres enfin, et cette opinion me semble la plus commune, qu'elle ne pouvait être que dative.

Il ne peut, a-t-on dit, y avoir de tutelle légitime (légale), là où la loi ne l'a pas expressément établie; or, aucune loi n'a conféré aux père et mère naturels la tutelle de leurs enfants. L'article 390 n'a trait qu'aux père et mère légitimes, et en cette matière, l'analogie n'est pas permise.

Puisque les père et mère naturels n'ont, en cette qualité, aucun droit à la tutelle légitime de leurs enfants, à bien plus forte raison n'ont-ils pas droit de leur nommer un tuteur *testamentaire*. Ainsi, la tutelle des enfants naturels est toujours déférée par le conseil de famille. Ce conseil de famille ne peut être composé de parents, puisque les enfants naturels n'en ont point; mais il l'est *d'amis* que le juge de paix (1) désigne parmi les personnes connues pour avoir eu des relations d'amitié avec le père ou la mère de l'enfant auquel on veut nommer un tuteur (2)

(1) M. Ducauroy soutient que ce conseil de famille doit être composé, non par le juge de paix, mais par le Tribunal Civil. Outre que l'on peut dire que le Code a mis la composition du conseil de famille dans les attributions spéciales des juges de paix, il est évident que ceux-ci seront bien plus à même de trouver des protecteurs à l'enfant naturel que le Tribunal, souvent éloigné de la résidence de cet enfant, et qui, le plus souvent, serait obligé d'en référer au juge de paix lui-même.

(2) *Voir*, sur cette matière : MM. Dur., iii, no 431 ; Val., sur Proud., ii, p. 490 ; Marc, sur 390 ; Demol., Tutelle, t. ii, n^r 372.

CHAPITRE QUATRIÈME.

DES DROITS SUCCESSIFS DE L'ENFANT NATUREL.

113. — Demandons-nous tout d'abord à quel titre notre Code a accordé ce droit de successibilité à l'enfant naturel et quelle est la nature de ce droit.

L'article 756 déclare que les enfants naturels *ne sont point héritiers* tout en leur accordant néanmoins des droits sur la succession de leurs père et mère, il y a là une sorte de contradiction qui s'explique cependant si l'on recherche l'esprit qui a dicté l'article 756. Si cet article nous dit en termes formels que les enfants naturels ne sont point héritiers, c'est que le législateur, au moment de régler les droits succesifs de l'enfant naturel voulait, jaloux de conserver les prérogatives qui doivent seules appartenir à la parenté légitime, et désireux d'autre part de protester contre la réaction exagérée du droit intermédiaire, repousser ici toute assimilation entre l'enfant naturel et l'enfant légitime.

114. — Mais tout en refusant à l'enfant naturel le titre d'héritier qui appartient au seul enfant légitime, il lui accorde, avons-nous dit, un droit de succession. Ce droit est un droit *réel* (*jus in re*) un droit de propriété et non pas seulement un simple droit de créance (*ius ad rem*). L'article 756 ne s'en explique pas, il est vrai, formellement, aussi plusieurs auteurs ont-ils discuté

ce point, mais il ne saurait y avoir de doute si l'on prend soin de s'éclairer par la combinaison des textes d'une part, par l'historique de la rédaction de notre Code de l'autre.

L'article 756 qui accorde des droits sur les biens de leurs père et mère aux enfants naturels est placé sous la rubrique des *successions irrégulières* et l'article 711 qui nous présente les *successions* comme un mode d'acquisition de la propriété ne distingue nullement entre les successions irrégulières et les successions régulières. Les articles 767 et 768 prouvent encore l'existence de ce droit réel. La rédaction de ces articles indique clairement, en effet, que la propriété des biens du défunt est acquise au conjoint et à l'Etat par le seul effet du décès sans qu'aucune condition soit exigée ; il en est donc de même *à fortiori* pour les enfants naturels beaucoup plus favorables.

Que si maintenant nous étudions l'historique de l'article 756, nous verrons que le projet déclarant que l'enfant naturel n'était pas héritier, ne lui accordait en outre qu'un droit de créance : « La portion que la loi lui accorde (à l'enfant naturel) sur les biens de ses père ou mère n'est qu'une créance fondée sur l'obligation naturelle qu'ils ont contractée envers lui » . Tel était l'article 54 du projet. L'article 60 permettait à l'héritier légitime de lui offrir la valeur de cette portion en argent ou en fonds. Le Conseil d'Etat, trouvant que les droits de l'enfant naturel ne devaient pas être restreints dans les limites d'une simple créance lui accorda un véritable droit de succession, une *portion héréditaire*, c'est-à-dire un véritable droit de propriété, tout en lui refusant cependant le titre d'héritier.

115. — L'enfant naturel, en effet, n'est point *héritier* dans le sens strict du mot, ce titre appartient exclusivement au parent légitime qui seul continue la personne juridique du défunt qui seul est saisi de tous ses biens, droits et actions (art. 724) (1).

(1) On sait que les seigneurs prétendaient avoir été dans l'origine, propriétaires de tous les biens situés dans le territoire de leur seigneurie, ils en gardaient donc le domaine direct après en avoir aliéné la propriété utile en les inféodant. Aussi par une fiction toute en faveur du droit seigneurial, le vassal était censé remettre en mourant à son seigneur la *saisine* ou la possession de ses biens, que ses héritiers ne pouvaient acquérir pour leur compte qu'en en demandant la délivrance, et en payant au suzerain un certain droit ; droit de relief pour les fiefs, droit de rachat pour les héritages de roture. Les légistes, d'accord avec l'autorité royale, pour combattre la puissance seigneuriale, imaginèrent bientôt une autre fiction ayant pour but d'affranchir le vassal de cette demande en délivrance, et en vertu de laquelle le défunt était censé, dès l'instant de sa mort, mettre ses héritiers en possession directe et immédiate de sa succession. De là cette vieille maxime si connue : *Le mort saisit le vif, son hoir plus proche et habile à succéder.*

Notre Code a reproduit ce système de la saisine, mais pour les héritiers légitimes seulement ; pour les héritiers irréguliers ou successeurs aux biens (l'enfant naturel, le conjoint, l'Etat) ils restèrent soumis à l'obligation de demander la délivrance (art. 724). Ainsi, tandis que l'héritier régulier est dès le moment de l'ouverture de la succession, et même à son insu, saisi *des droits* et de *l'exercice des droits* du défunt, l'héritier irrégulier n'est saisi, lui, que *des droits* quant à leur exercice, il lui faut s'adresser à la justice. Il n'a donc point besoin de demander le bénéfice d'inventaire puisqu'il ne continue pas la personne du défunt, et par cette raison, n'est tenu des dettes de sa succession que jusqu'à concurrence de

L'enfant naturel n'est qu'un *successeur aux biens*, ayant droit de recueillir tout c'' partie du patrimoine du défunt sans avoir le double privilége de continuer sa personne dans la vie juridique, d'être saisi de ses biens dès son décès (art. 723 et 724), et M. Siméon disait au Corps Législatif : « A défaut d'héritiers légitimes, on appelle ainsi ceux que la loi désigne pour recueillir de plein droit la succession, la loi les accorde à un autre ordre de personnel, d'abord aux enfants naturels s'il y en a…., mais attendu qu'ils ne sont pas des héritiers légitimes proprement dits, ils ne sauraient être saisis de plein droit comme le sont les héritiers légitimes et réguliers. »

116. — L'enfant naturel n'étant pas saisi des biens du défunt il s'ensuit les conséquences suivantes : 1° Il ne peut de son autorité privée, se mettre en possession de sa portion héréditaire. il doit, pour obtenir celle-ci, s'adresser aux héritiers saisis avec lesquels il se trouve en concours ; s'il est seul, à la justice.

ce qu'il en retire. S'il est astreint à faire inventaire (art. 769), c'est dans l'intérêt des héritiers qui pourraient se présenter dans la suite.

Disons cependant que ce système n'a pas été suivi par M. Demolombe. Le savant professeur enseigne que l'héritier légitime ou irrégulier est saisi *ipso jure* des droits et de l'exercice des droits, mais avec cette différence que l'héritier légitime seul en a la possession, l'héritier irrégulier ne l'ayant pas, doit se faire envoyer en possession ; mais dès que cet envoi a eu lieu, l'héritier irrégulier se trouve dans la même position que l'héritier légitime. Il est donc tenu comme lui des dettes *ultrà vires successionis* et il peut par conséquent y avoir avoir avantage pour lui à demander le bénéfice d'inventaire.

Il peut, du reste, avant toute demande en délivrance, requérir telles mesures propres à la conservation de ses droits ; ainsi, il peut requérir l'apposition des scellés, leur levée, ainsi que la confection de l'inventaire (V. art. 909, 930, 941, C. Proc.). 2° Mais d'autre part, le droit qu'il a sur les biens qui lui reviennent étant un droit réel, un véritable droit de propriété, tout comme celui de l'héritier régulier, il peut exiger sa portion héréditaire *en nature* et il a l'action en partage tout comme l'héritier légitime. 3° Il peut revendiquer contre tout tiers détenteur les immeubles de la succession aliénés par les héritiers. 4° Il suffit qu'il survive au *de cujus* d'un seul instant pour transmettre à ses propres héritiers la quote part dont la loi lui accorde la propriété.

117. — Nous avons dit (voyez la note précédente) que l'enfant naturel, ne continuant pas la personne du défunt, ne contribue aux dettes que dans la proportion de sa part héréditaire.

I. — DES DROITS DES ENFANTS NATURELS RECONNUS DANS LA SUCCESSION DE LEURS PÈRE ET MÈRE.

118. — La loi (art. 756) n'accorde un droit de succession à l'enfant naturel sur les biens de ses père et mère que lorsqu'il a été légalement reconnu ; ce n'est en effet que par la reconnaissance qu'il se rattache civilement à eux et nous avons établi déjà, suivant l'opinion presque universellement admise aujourd'hui, qu'il importe peu que cette reconnaissance soit le

résultat d'un aveu volontaire du père ou de la mère, ou provienne d'un jugement. Il importe peu encore que cette reconnaissance ait eu lieu à telle ou télle époque, il n'y a qu'une seule restriction à faire, nous la connaissons déjà ; si un des époux reconnaît *pendant son mariage* un enfant naturel qu'il a eu antérieurement d'un autre que de son conjoint, cette reconnaissance volontaire, ou même la reconnaissance judiciaire pareillement faite pendant le mariage, ne nuit ni au conjoint ni aux enfants nés du mariage (art. 337).

119. — Mais cette restriction est la seule, aussi ne faut-il pas admettre la doctrine qui tire des termes employés par l'article 756 : « Père et mère *décédés* » cette règle que les enfants naturels ne succèdent qu'autant que leur filiation a été constatée du vivant de leur auteur, de telle sorte que la recherche de la maternité et de la paternité, lorsqu'elle est admise, ne saurait être exercée par l'enfant après le décès de son auteur, à l'effet d'acquérir des droits dans sa succession. Mais, nous l'avons répété ailleurs, le jugement qui constate la filiation ne la fait pas naître, il ne fait que déclarer son existence et c'est à l'existence même de cette filiation que la loi subordonne l'acquisition des droits successifs ; tout ce que la loi exige, c'est que l'enfant soit légalement reconnu, elle n'assigne aucune époque.

On s'est encore servi de l'expression : « Père et mère dé- « cédés, » pour soutenir que les droits de l'enfant naturel sur les biens de ses père et mère ne pouvaient exister qu'après leur décès, qu'ils n'y pouvaient rien prétendre de leur vivant et ne pouvaient, par conséquent, leur demander des *aliments*.

Aucun texte de nos lois n'impose aux père et mère l'obligation de fournir une pension alimentaire à leur enfant naturel, mais il est facile d'établir l'existence légale de cette obligation et par les dispositions de notre Code qui la suppose nécessairement admise, et par les discours des orateurs du gouvernement qui ne laissent aucun doute sur la pensée du législateur.

L'article 762 accorde en effet des aliments aux enfants adultérins et incestueux; le droit d'en demander appartient donc à plus forte raison aux enfants naturels simples. Si l'article 756 suppose les père et mère *décédés*, c'est qu'il règle une question de succession et non d'aliments, et d'un autre côté la restriction résultant de la négative *ne*, porte non pas sur le mot *décédés*, mais sur les mots : *légalement reconnus*. Et d'ailleurs la loi impose aux époux l'obligation de nourrir et d'élever leurs enfants légitimes (art. 203), les père et mère naturels ne doivent-ils pas être, à bien plus forte raison soumis à cette obligation, puisqu'ils ont de plus que les premiers une faute grave à réparer? On comprendrait difficilement que, alors que des aliments sont dûs à l'enfant légitime, destiné par sa naissance à occuper une place honorable dans la société, entouré de tous côtés des soins empressés d'une famille légitime; les auteurs des jours de l'enfant naturel ne doivent pas nourrir et élever celui qu'ils ont appelé par l'acte coupable auquel il doit l'existence, à occuper dans le monde une position déplorable et à vivre privé de l'affection et des secours d'une famille légitime.

N'est-ce pas la pensée qu'exprimait M. Portalis, lorsqu'il disait : « On ne doute pas que les père et mère naturels ne soient « obligés d'élever leurs enfants, de les entretenir, de les nour- « rir ; la loi, positive elle-même, a placé ce devoir parmi les « obligations premières que la nature, indépendamment de « toute loi, impose à tous les pères. » (V. Fenet, 1. ix, p. 147.) « Les père et mère ont envers leurs enfants naturels des de- voirs d'autant plus grands, qu'ils ont à se reprocher leur in- fortune, » disait encore M. Bigot de Préameneu, dans son discours sur la *Filiation*.

Enfin, en dehors même de tous les arguments que nous ve- nons de présenter, le juge, appuyé sur les art. 1382 et 1383, ne devrait-il pas encore contraindre les père et mère à ali- menter leur enfant naturel ?

Remarquons en finissant que la dette alimentaire existerait même au cas où il s'agirait d'un enfant naturel reconnu *pen- dant le mariage*, par l'un des époux ; l'art. 337, en effet, ne saurait avoir d'application ici.

120. — Il est bien entendu que les enfants naturels ont les mêmes droits sur les biens soit de leur père, soit de leur mère, lorsqu'ils ont été reconnus, soit par l'un, soit par l'autre, la loi ne fait à cet égard aucune différence. Pas de doute non plus que l'enfant naturel qui a été reconnu à la fois par son père et sa mère, n'ait droit dans la succession de chacun d'eux à la portion des biens qui lui est accordée par la loi.

121. — Dans l'article 756 se trouvent les deux règles qui

dominent notre sujet. La première : Que les enfants naturels n'ont de droits sur les biens de leurs père ou mère décédés, que lorsqu'ils ont été légalement reconnus ; nous l'avons étudiée dans ses détails. La seconde : Que la loi n'accorde aux enfants naturels aucun droit sur les biens des parents de leur père et mère.

Cette seconde règle est la conséquence forcée de celle que nous connaissons déjà, à savoir : Que la reconnaissance soit volontaire, soit judiciaire, ne produit d'effet qu'entre l'enfant et celui qui l'a reconnu ; l'enfant naturel n'entre donc pas dans la famille de ses père et mère, il ne peut donc avoir de droits sur les biens des membres de cette famille. Nous savons déjà cependant qu'il existe une parenté entre les enfants légitimes de l'enfant naturel et les père et mère qui l'ont reconnu ; cette parenté n'est qu'une parenté naturelle sans doute, mais elle n'est pas sans effets civils.

122. — Quelle est maintenant la quotité du droit de succession accordé à l'enfant naturel ? Les articles 757 et 758 nous répondent :

Art. 757. — « Le droit de l'enfant naturel sur les biens de « ses père et mère décédés, est réglé ainsi qu'il suit : Si le père « ou la mère ont laissé des descendants légitimes, ce droit est « *d'un tiers* de la portion héréditaire que l'enfant naturel « aurait eue, s'il eut été légitime ; il est *de la moitié*, lorsque « les père ou mère ne laissent pas de descendants, mais bien « des ascendants ou des frères ou sœurs ; il est des *trois quarts*

« lorsque les père ou mère ne laissent ni descendants ni ascen-
« dants, ni frères ni sœurs. »

Art. 758. — « L'enfant naturel a droit *à la totalité* des
« biens, lorsque ses père ou mère ne laissent pas de parents au
« degré successible. »

123. — Avant d'examiner les diverses hypothèses prévues
par ces deux articles, faisons quelques observations qui les
dominent toutes.

La première c'est que pour déterminer les droits de l'enfant
naturel, il ne faut s'attacher qu'à la qualité de ceux des parents
qui sont et *demeurent héritiers*.

Le législateur en réglant la quotité du droit de l'enfant naturel, a été mû par une double pensée. pensée d'équité, pensée
de morale publique. Tout en reconnaissant l'intérêt que devait
inspirer l'enfant naturel avoué par ses père et mère, son respect pour le mariage lui faisait aussi une loi de protéger la parenté légitime qui en découle ; supposant donc que les droits
de l'enfant naturel pourraient se trouver concourir avec ceux
des parents légitimes, il a élevé ou abaissé la proportion des
droits du premier, suivant la qualité des seconds et la proximité
de leur degré, il a voulu, en un mot, que la filiation naturelle
ne put préjudicier à la parenté légitime, et cette idée de préjudice il ne faut pas la perdre de vue, Or, si ce préjudice n'existe
pas, le motif qui a dirigé le législateur n'existe pas non plus.
La proportion des droits de l'enfant naturel sera donc plus ou
moins forte, selon qu'il se trouveront en concours avec les

droits de tel ou tel parent légitime, et pour que ce parent légitime ait des droits à la succession, il faut qu'il y ait vocation,
qu'il *soit héritier*, que s'il est indigne ou renonçant, il dis-
paraît. De telle sorte que si cet héritier légitime disparu est
remplacé par un autre d'un degré inférieur, c'est eu égard à la
qualité de ce dernier que se réglera la portion de l'enfant naturel; n'y a-t-il plus d'héritier venant à la succession, l'enfant
naturel se trouvant seul, viendra pour la totalité. Un exemple
fixera facilement les idées sur ce point :

Le *de cujus* a laissé un enfant légitime, des ascendants, un
collatéral autre que frère ou sœur et un enfant naturel : si le
fils légitime accepte et n'est point indigne, l'enfant naturel
concourt avec lui ; il prend un tiers de ce qu'il aurait s'il eut
été légitime. Le fils légitime renonce-t-il à la succession, l'enfant naturel se trouve alors en concours avec les ascendants ;
il prend la moitié de ce qu'il aurait eu s'il eut été légitime. Les
ascendants renoncent-ils, l'enfant naturel, alors en concours
avec le collatéral prend les trois quarts. Enfin, si le collatéral
renonce également, l'enfant naturel n'étant plus en concours
avec personne a droit au tout (1).

C'est en ce sens qu'il faut entendre l'expression « laissé »
dont se sert l'art. 757, et ce sens est, je crois, aujourd'hui généralement adopté, bien que plusieurs auteurs et divers arrêts
aient soutenu qu'il fallait tenir compte de l'existence des pa-

(1) MM. Val., Zachar. Aubry et Rau., t. iv, p. 213; Demol., t. ii
(*Successions*), n° 54.

rents légitimes laissés par le défunt, sans s'attacher à leur qualité d'héritier, venant à la succession.

124. — Ici se place naturellement une question. Le parent légitime avec lequel l'enfant naturel viendrait en concours, n'est ni renonçant ni indigne, mais se trouve écarté (nous supposons, bien entendu, qu'il n'est pas réservataire), par des dispositions à titre gratuit, faites par ce défunt; comment se règlera la portion de l'enfant? Faudra-t-il pour ce règlement tenir compte de l'existence de ce parent, bien que celui-ci ne vienne pas à la succession? Je prends une espèce pour bien préciser : Un père naturel laisse avec son enfant un frère et un légataire universel; sa succession se monte à 40,000 fr.

Le frère n'étant pas réservataire, est écarté par le légataire universel, faut-il, néanmoins, ici tenir compte de son existence? Si l'on en tient compte l'enfant naturel aura droit à la moitié de ce qu'il aurait eu s'il eut été légitime, c'est-à-dire 20,000 fr., sa réserve (1) (il y a un legs universel), sera donc de la moitié de cette moitié, soit 10,000 fr.; si, au contraire, on admet que ce frère ne venant pas à la succession, ne doit pas être compté, l'enfant naturel se trouvera en présence du seul légataire universel, sa réserve sera donc de la moitié du tout, soit 20,000 fr.

Que décider? La question est controversée; après avoir décidé dans le système précédent que le successible non héritier ne

(1) Il est admis que l'enfant naturel a droit à la réserve comme l'enfant légitime (913). Arrêts de Cass., 15 mars 1847, 13 janv. 1862.

devait pas être compté pour la fixation de la portion revenant à l'enfant naturel, il semblerait logique d'appliquer ici la même décision et de dire : le frère du *decujus* ne venant pas à la succession, l'enfant naturel se trouve en présence du seul légataire universel. Cette thèse a été soutenue, nous allons essayer de la réfuter en démontrant que le successible, bien que n'étant pas héritier, n'est pas néanmoins étranger à la succession comme s'il était renonçant ou indigne. Notre décision ne sera donc pas en contradiction avec celle que nous avons donnée précédemment.

On a prétendu d'abord. appuyé sur l'esprit qui a inspiré au législateur les art. 757 et 768, que le légataire universel n'est nullement subrogé dès droits des héritiers légitimes, qu'il ne peut invoquer contre les enfants naturels l'art. 757 et que ceux-ci ont droit à une réserve égale à celle qu'ils auraient eue s'ils avaient été légitimes.

En effet, disent les partisans de cette doctrine, le légataire universel n'entre pas à la place des héritiers dans la famille légitime ; il recueille, il est vrai, les biens que ceux-ci auraient reçus sans le testament, mais ce n'est pas au même titre, puisqu'il vient comme étranger en vertu de la disposition du *de cujus* et non comme parent en vertu de la loi. Or, le privilège de faire réduire les droits de l'enfant naturel étant introduit dans le seul intérêt de la famille légitime, afin que l'existence de ces enfants n'ait pas pour effet de détruire complètement ses droits de succession : et la réduction ayant été, par conséquent fixée à un tuax plus ou moins considérable selon le degré de faveur des diverses classes d'héritiers légitimes qui viennent concourir avec des enfants naturels. Il suit de là que les motifs de la réduction n'existent pas dans notre espèce puisque les parents légitimes ne recueillant aucune partie des biens du défunt, doivent être considérés par rapport à la succession comme s'ils n'existaient pas ; et les enfants naturels n'étant par conséquent en concours qu'avec un simple légataire étranger à la succession *ab intestat*, on se trouve dans l'hypothèse prévue et réglée par l'art. 758.

Les auteurs qui ont enseigné ce système l'ont appliqué au légataire universel, mais des legs particuliers peuvent réunis s'élever à une somme égale à la valeur du patrimoine entier de l'auteur des jours de l'enfant naturel. Les héritiers légitimes ne recevant alors aucune fraction des biens du défunt, va-t-on régir par l'art. 758 le droit à la réserve des enfants naturels ? On n'a pas osé aller aussi loin. C'est qu'arrivé à ce point, l'erreur est évidente. Qui pourrait, en effet, soutenir que l'héritier de sang est alors complètement étranger à la succession, tout comme si dans une simple succession *ab intestat*, il eût été renonçant ou indigne ? N'est-ce pas lui qui est saisi des biens du défunt et qui, en cette qualité, délivre et les legs à titre particulier et la portion réservée aux enfants naturels ? Ne peut-il donc demander la nullité du testament, la révocation ou la caducité de tel ou tel legs, faire prononcer l'iindignité des légataires et des enfants naturels ? Il n'est donc pas étranger à la succession et l'article 758 est écarté.

Et d'ailleurs il est évident que la quotité disponible du défunt ne peut varier dans une proportion considérable par cette simple considération de fait qu'il aura aussi laissé à ses héritiers légitimes une part aussi faible de son patrimoine qu'on puisse la supposer. On arriverait à admettre une conséquence impossible, à savoir que le *de cujus* avantagerait d'autant plus son enfant naturel, qu'il aurait fait des libéralités plus grandes, et que le moyen que la loi offrirait d'augmenter la part de son enfant naturel consisterait forcément à dépouiller ses parents légitmes, ce qui serait immoral et contre son esprit même.

Revenons maintenant au cas où le *de cujus* a disposé de tout son patrimoine en faveur d'un légataire universel, nous dirons que tous les droits que nous avons accordés aux héritiers légitimes en faveur de légataires à titre particulier, leur appartenant encore dans cette espèce, on ne peut les considérer comme aussi complètement étrangers à la succession que s'ils étaient renonçants ou indignes et on ne peut, par suite, appliquer l'art. 758 au calcul de la quotité réservée au profit des enfants naturels.

L'enfant naturel n'aura donc, dans le cas qui a fait l'objet de notre question, droit qu'à une réserve égale à celle qu'il aurait eue si le frère avait pris une part quelconque des biens du défunt. Il est vrai que ce frère ne jouira pas du bénéfice de la saisine, mais cette saisine, si elle est transférée au légataire ce ne peut être que dans l'avantage de celui-ci et non dans l'intérêt de l'enfant naturel, et comme d'un autre côté, il reste encore au frère du défunt des droits qui ne lui appartiendraient pas s'il était renonçant ou indigne, puisqu'il peut demander la nullité du legs, sa révocation pour ingratitude, profiter de la révocation du légataire, il est clair que nous sommes complètement en dehors de l'espèce prévue par l'art. 758.

Dans l'espèce que nous venons de voir, nous avons supposé que le frère du *de cujus* n'était nullement écarté par le legs universel ; supposons maintenant que tout en étant écarté par ce legs, il eut en outre renoncé à la succession. Sa renonciation aura-t-elle pour effet de le faire disparaître, de telle sorte que l'enfant naturel se trouve en présence du seul légataire ? Il faut bien l'admettre et la Cour suprême l'a décidé ainsi par un arrêt de 1864. dans une espèce analogue en jugeant que les ascendants non privilégiés qui n'arrivent à la succession que par la renonciation des frères ou sœurs, ont droit à une réserve comme s'ils étaient appelés directement à défaut de frères ou sœurs (1).

125. — Nous avons maintenant à faire encore deux observations générales dominant notre sujet : L'une, qu'il faut pour régler les droits de l'enfant naturel le supposer d'abord légitime, puis lui accorder ensuite une fraction de la part qu'il aurait eue dans cette supposition ; l'autre, que c'est sur l'universalité des biens composant la succession que doit être calculée la part de l'enfant naturel.

(1) « Attendu qu'aux termes de l'art. 785, C. Nap., l'héritier qui renonce est censé n'avoir jamais été héritier, et qu'aux termes de l'art. 786, la succession qu'il était appelé à recueillir se trouve de plein droit dévolue par l'effet de sa renonciation aux héritiers du degré subséquent, etc., etc. (C. Cass. 24 fév. 1864).

126. — Ceci posé, abordons plus spécialement les hypothèses prévues par les art. 757 et 758. Ces hypothèses sont les suivantes :

L'enfant naturel est en concours avec des enfants légitimes.

L'enfant naturel est en concours avec des ascendants ou des frères et sœurs.

L'enfant naturel est en concours avec des collatéraux ordinaires.

L'enfant naturel est seul, ses père ou mère n'ayant pas laissé de parents au degré successible.

127. — *Première hypothèse.* — *L'enfant concourt avec des enfants légitimes.*

Nous avons à distinguer d'abord le cas où le *de cujus* laisse un seul enfant naturel, quel que soit d'ailleurs le nombre des enfants légitimes et celui où il en laisse plusieurs.

Le *de cujus* laisse un seul enfant naturel. Pas de difficulté, l'art. 757 nous apprend que cet enfant aura le tiers de la portion héréditaire qu'il aurait eue s'il eût été légitime.

Pour déterminer ce tiers, la règle est simple ; on commence comme nous l'avons dit, par compter l'enfant naturel pour un enfant légitime, et l'on partage provisoirement la succession en autant de parts égales qu'il y a d'enfants (art. 745), c'est ce tiers qui doit être attribué à l'enfant naturel, les deux autres tiers demeurant à la succession et accroissant d'autant la part due aux enfants légitimes.

Le défunt a laissé un fils légitime et un fils naturel, sa succession est de 18.000 fr. L'enfant naturel, s'il était légitime, aurait 9,000 fr. ; n'étant que naturel, il n'en a que le tiers, soit 3,000, les 15,000 autres restent à l'enfant légitime. Supposons qu'au lieu d'un enfant légitime, il y en ait deux : la part de l'enfant naturel, s'il était légitime, serait dans ce cas de 6,000 fr., comme enfant naturel, il n'aura que 2,000 fr. S'il y avait trois enfants légitimes, l'enfant naturel aurait le tiers du quart de la succession, c'est-à-dire le tiers de 4,500 fr., soit 500 fr.

Ainsi donc l'enfant naturel en concours avec un enfant légitime aura le tiers de la moitié de la succession ou un sixième ; en concours avec deux enfants légitimes, il aura le tiers du tiers ou un neuvième ; en concours avec trois enfants légitimes, le tiers du quart ou un douzième et ainsi de suite (1).

En suivant la progression des droits de l'enfant naturel à mesure qu'il se trouve en concours avec un plus grand nombre d'enfants légitimes, on est frappé de ce résultat que la différence entre la part de l'enfant naturel et celles des enfants légitimes diminue de plus en plus. Ce résultat peut être critiqué et il l'a été (2), mais la loi l'a voulu ainsi, et il faut s'y soumettre.

(1) On peut encore arriver à la détermination de la part de l'enfant naturel par un autre procédé. On multiplie par trois le nombre des enfants laissés par le *de cujus* y compris l'enfant naturel, le produit de la multiplication donne cette part ; soit deux enfants légitimes et un enfant naturel, en multipliant on a le numéro neuf ; c'est un neuvième que l'enfant naturel doit avoir.

(2) V, Demol. Succ. t. ii, n° 63.

Prenons maintenant un autre exemple. Le *de cujus* a laissé un enfant naturel et plusieurs enfants légitimes. Quelques-uns de ceux-ci ou même tous sont décédés, comment se règlera la part de l'enfant naturel à l'égard de leurs enfants ? d'une manière aussi simple que précédemment, car ces enfants représentant leurs pères dans la succession de leur aïeul viennent par souche et pour la part et portion de leur auteur.

128.—Mais que décider lorsque les enfants légitimes du premier degré sont renonçants ou indignes ? Comment se règlera alors la part de l'enfant à l'égard des enfants qu'ils ont pu laisser ? Ici la représentation n'est pas possible car on ne représente pas les personnes vivantes, les petits enfants du *de cujus* viennent donc à sa succession de leur chef.

Une première opinion enseigne que les enfants du renonçant ne doivent compter, quel que soit leur nombre, que pour leurs auteurs, de telle sorte que c'est eu égard au nombre d'héritiers même renonçants que l'on devra régler la part de l'enfant naturel.

Cette opinion découle logiquement de ce système que la part de l'enfant naturel doit se calculer d'après le nombre et la qualité des successibles laissés par le défunt sans se préoccuper d'ailleurs de savoir s'ils viennent ou non à sa succession. Ce système, nous l'avons repoussé, nous ne saurions donc admettre cette opinion.

D'autres auteurs soutiennent qu'il faudra compter les enfants du renonçant comme autant d'héritiers avec lesquels concourt l'enfant naturel. Mais cette opinion ne nous semble nullement pouvoir s'appuyer sur l'esprit de la loi et elle arrive à ce résultat inadmissible que les enfants légitimes pourront en renonçant porter un préjudice énorme à l'enfant naturel, si, par le fait de cette dénonciation il se trouve en présence d'un nombre plus considérable d'héritiers.

Je crois qu'il ne faut pas chercher si loin la solution qui se trouve dans l'art. 747 même. Cet art. nous dit que l'enfant naturel en concours avec des héritiers légitimes aura le tiers de ce qu'il aurait eu s'il avait été légitime, or dans le cas qui nous occupe, qu'aurait-il eu s'il avait été légitime ? La totalité puisqu'il est au premier degré et que les petits-enfants ne sont qu'au second degré ; il aura donc le tiers de cette totalité (1).

129. — Du reste on admet généralement que si, parmi les enfants légitimes, quelques-uns seulement sont renonçants ou indignes, l'enfant naturel profite de l'accroissement qui en résulte et que la succession se partage entre lui et les enfants qui seuls sont restés ses héritiers ; c'est une conséquence du système que nous avons soutenu à propos des termes : « laissé » employé par l'art. 757.

130. — *Supposons maintenant que le défunt, au lieu d'un seul enfant naturel en ait laissé plusieurs.*

Ici nous allons nous trouver en présence de difficultés, car les art. 757 et 758 semblent dans leurs termes n'avoir réglé

(1) Voy. en ce sens : MM. Val, Zach., Aubry et Rau, t. iv, p. 207 Demol (succession) t. ii, n.° 66.

que le cas d'un seul enfant naturel. Aussi, pour trouver la véritable pensée du législateur, les jurisconsultes se sont-ils jetés dans une foule de systèmes.

Nous nous contenterons d'exposer ceux qu'il importe le plus de connaître et nous développerons ensuite celui qui a été adopté le plus géneralement par la doctrine et par la pratique.

Et d'abord il en est un œuvre de M. Duranton (2) que ce professeur a rejeté du reste pour s'en tenir au système que nous développerons plus tard. Il consiste à donner à trois enfants naturels réunis la part d'un enfant légitime, en procédant par fraction du nombre trois, quand ce nombre ne se présente pas en entier. Mais la base de ce système est essentiellement vicieuse. ce mode de supputation est tout-à-fait inconciliable avec le texte de l'art. 757 qui attribue à l'enfant naturel, non pas le tiers de la part d'un enfant légitime, mais le tiers de la part qu'il aurait eue lui-même, s'il eut été légitime, ce qui est bien différent. Un seul enfant naturel n'a pas en effet droit au tiers d'un droit égal à celui d'un enfant légitime puisqu'il n'est appelé en concours avec un enfant légitime qu'à un sixième de la succession.

Un autre système a été imaginé par quelques jurisconsultes pleins de la pensée que les enfants naturels, en concours avec un ou plusieurs enfants légitimes, devaient profiter de la fraction enlevée à chacun de leurs frères naturels, ces jurisconsultes ont prétendu que dans le partage fictif à faire entre les

(2) V. t. vi, p. 304.

enfants naturels et les enfants légitimes, il ne fallait assimiler les premiers aux derniers que successivement et non simultanément, de manière à donner à chaque enfant naturel le tiers de la part qu'il aurait eue comme enfant légitime en concours avec des enfants naturels. Soit un patrimoine de 36,000 fr. un enfant légitime et deux enfants naturels, *primus et secundus.*

Primus dira : si j'étais légitime en concours avec un autre enfant légitime et *secundus*, ce dernier aurait un neuvième de la succession, c'est-à-dire 4,000 fr., resterait donc 32,000 f. entre moi et mon frère légitime; j'ai droit au tiers de cette moitié, je dois donc avoir 5,333 fr. 33 c., *secundus* dirait ensuite : mes droits sont égaux à ceux de *primus*, je puis donc demander 5,333 fr. 33 c. Le vice de ce système est facile à apercevoir. L'enfant naturel suppose pour déterminer sa propre part que celle de son frère naturel se trouve déjà fixée tandis qu'elle ne l'est point encore et finit par réclamer une part supérieure à celle qu'il attribue d'abord à ce dernier, quoique tous les enfants naturels aient des droits égaux (1).

131. — Nous arrivons au système le plus ingénieux qui ait été présenté, il est dû à M. Gros (Recherches sur les droits successifs des enfants naturels, p. 33 et suiv.).

M. Gros part de cette idée : La loi s'est expliquée sur le cas où il existe *un seul* enfant naturel en concours avec un ou plusieurs enfants légitimes ; elle est au contraire muette sur le cas

(1) V. pour la réfutation de ce système, M. Demol. Success. t. ii, n° 68.

où *plusieurs* enfants naturels concourent avec un ou plusieurs enfants légitimes ; il y a donc une lacune à combler et il faut le faire en se laissant conduire par l'esprit de la loi. Or, quelle est la règle qu'elle nous trace dans le cas qu'elle a prévu ? Un enfant naturel est en concours avec un enfant légitime : quelle part lui attribue-t-elle ? Le tiers de ce qu'il aurait eu s'il eût été légitime lui-même ; en cette qualité, il aurait eu droit à la moitié de la succession, c'est donc le tiers de cette moitié c'est-à-dire le sixième de la succession qui forme sa part. Les cinq autres sixièmes restent à l'enfant légitime.

Ainsi lorsqu'*un seul* enfant naturel concourt avec un seul enfant légitime, le rapport que la loi établit eutre les parts attribuées à chaque enfant est de *un à cinq*.

Ce rapport étant connu, il faut pour être logique et rester dans l'esprit de la loi le conserver *quelque soit le nombre des enfants naturels en concours avec un seul enfant légitime.* Et en effet, si lorsqu'un enfant naturel concourt avec un enfant légitime, la succession se partage en six parties, dont une pour l'enfant naturel et cinq pour l'enfant légitime, pourquoi , dans l'hypothèse du concours de *deux* enfants naturels avec un enfant légitime, ne pas partager la succession en sept parties, dont une pour chacun des deux enfants naturels et cinq pour l'enfant légitime. De cette manière, la supériorité de l'enfant légitime sur chacun de ses frères naturels sera marquée , ainsi que le veut la loi pour le rapport de cinq à un. Soient trois enfants naturels et un enfant légitime, nous ferons huit parts; chaque enfant naturel en aura une et les cinq autres, resteront à l'enfant légitime.

Ainsi quelque soit le nombre des enfants naturels, la succession devra toujours être divisée de manière que la part de l'enfant légitime soit toujours cinq fois plus forte que celle de chacun des enfants naturels.

Si l'on suppose maintenant plusieurs enfants légitimes et plusieurs enfants naturels, le procédé est toujours le même. On détermine le rapport existant entre la part de chacun des enfants légitimes et la part de chacun des enfants naturels *à supposer qu'il fut seul*. Le rapport étant établi on le maintient entre la part attribuée à chacun des enfants légitimes et celle qui est attribuée à chacun des enfants naturels. L'enfant naturel en concours avec deux enfants légitimes prend le tiers de la portion à laquelle il aurait droit s'il était légitime c'est-à-dire le tiers du tiers ou le neuvième. La succession étant divisée en neuf parties l'enfant en prend une, les huit autres restent aux deux enfants légitimes qui en reçoivent chacun quatre. Le rapport entre la part de l'enfant naturel et celle que la loi attribue à chacun des deux enfants légitimes est donc de *un à quatre*; chacun des enfants legitimes reçoit quatre fois autant que l'enfant naturel.

Ce rapport, une fois établi, doit être conservé, quel que soit le nombre des enfants naturels. Soient deux enfants légitimes et deux enfants naturels : la succession se divisera en dix parties ; chaque enfant naturel en prendra une, chaque enfant légitime en prendra quatre. Suppose-t-on deux enfants légitimes et trois enfants naturels : la sucession, au lieu d'être fractionnée en dix parties, le sera en onze ; une pour chaque enfant naturel, quatre pour chaque enfant légitime, et ainsi de suite..., de manière que le rapport établi par la loi dans le cas où il n'existe qu'un seul enfant naturel en concours avec plusieurs enfants légitimes soit toujours maintenu entre la part afférente à chacun des enfants légitimes et celle des enfants naturels. (1).

132. — Ce système présente l'avantage d'être logique, puisqu'il conserve, quoi qu'il arrive, le rapport établi par le législateur entre la part d'un enfant naturel unique et la part des enfants légitimes. Ensuite, le procédé de *répartition* qu'il emploie est conforme aux principes généraux qui veulent que lorsque plusieurs personnes, toutes aussi favorables les unes que les autres, sont appelées à partager une masse insuffisante pour satisfaire intégralement leurs droits respectifs, elles subissent chacune une réduction proportionnelle à ces droits. Enfin, le système de M. Gros a encore l'avantage d'être fort simple et de ne demander que des calculs peu compliqués.

Néanmoins, il n'a pas, jusqu'ici, non plus que ceux que nous avons indiqués précédemment, été admis par la plupart des auteurs ni par la pratique. Voici le système généralement adopté :

(1) Ce système a été généralisé par un savant professeur de la Faculté de Paris, M. Valette, qui en a fait l'application au cas où plusieurs enfants naturels concourent soit avec des ascendants ou des frères et sœurs, soit avec des collatéraux.

On recherche quelle serait la part de chaque enfant naturel, *s'ils étaient tous légitimes*, et chaque enfant naturel retient le tiers de la portion que ce calcul lui donne, les deux autres tiers enlevés à chacun d'eux restant à la succession légitime et régulière. Soit l'espèce suivante :

Le *de cujus* a laissé un enfant légitime, six enfants naturels et 21,000 fr. ; nous disons : si les six enfants naturels en concours avec l'enfant légitime étaient légitime comme lui, chacun d'eux aurait 3,000 fr. ; mais comme ils ne sont que des enfants naturels, ils conserveront chacun le tiers seulement de cette part, soit 1,000 fr. Les deux autres tiers, les 2,000 fr. enlevés à chacun d'eux, allant grossir la part de l'enfaut légitime, qui aura en définitive 15,000 fr.

Ce système, qui est d'une grande simplicité, ne fait qu'appliquer à plusieurs enfants naturels la règle que l'article 757 a indiqué pour le cas où il n'en existe qu'un. C'est celui qui vient le plus naturellement à l'esprit à la lecture de cet article. Or, le sens que l'on aperçoit le plus naturellement est rarement inexact, car il n'est pas présumable que le législateur se soit exprimé de manière à n'être compris que des jurisconsultes les plus expérimentés. Que l'on fasse contre ce système des reproches sérieux, celui, par exemple, de ne pas attribuer aux enfants naturels la part réelle qu'ils auraient eue, s'ils avaient été légitimes, puisqu'ils ne profitent pas des retranchements qui augmentent exclusivement la part de l'enfant légitime ; de faire décroître leur part avec une rapidité effrayante, à mesure que leur nombre augmente; il faut le reconnaître, mais c'est l'œuvre du législateur, et il faut la respecter.

133. — *Seconde hypothèse.*—*L'enfant naturel concourt avec des ascendants ou des frères et sœurs du défunt.*

Nous avons vu que la part des enfants naturels en concours avec des enfants légitimes variait avec le nombre de ces enfants légitimes, qu'elle était du sixième, du neuvième, du douzième de la succession, suivant qu'ils concourent avec un, deux, trois enfants légitimes.

Ici, il n'en est plus de même, quel que soit le nombre des ascendants ou des frères ou sœurs du défunt; avec lesquels, ils concourent; leur part est fixe, invariable; elle est de la *moitié* de la succession entière. Et cela découle de la pensée du législateur d'accorder à l'enfant naturel une portion de ce qu'il aurait eu s'il avait été légitime, car s'il eût été légitime, il eût recueilli ici la succession entière. La loi établit une sorte de fente entre la succession irrégulière et la succession légitime, comme dans l'article 733 elle en établit une entre les parents paternels et les parents maternels.

Remarquons que l'article 757, parlant du concours de l'enfant naturel avec les ascendants et un des frère et sœur du *de cujus*, ne dit rien des descendants de ceux-ci. De là là question si controversée de savoir s'il faut, à l'égard de l'enfant naturel, assimiler les descendants des frères et sœurs aux frères et sœurs eux-mêmes, ou, au contraire, les ranger dans la classe des collatéraux ordinaires, lorsque ces frères et sœurs sont prédécédés, ou renonçants, ou indignes. Si on les assimile aux frères et sœurs, l'enfant naturel en concours avec eux aura la moitié de la succession; si on les range parmi des collatéraux ordinaires, l'enfant naturel aura les trois quarts.

134. — La jurisprudence décide que les termes de l'article 757 ne doivent pas être étendus; qu'en présence du silence que garde cet article sur les descendants de frères et sœurs, on ne saurait les assimiler à ceux-ci. Voici, en effet, un arrêt de la Cour suprême du 13 janvier 1862 :

« Attendu que l'article 757, Code Napoléon, ne réduit à la moitié de ce qu'il aurait eu, s'il eût été légitime, la part de l'enfant naturel dans la succession de ses père et mère qui l'ont reconnu, qu'autant qu'il se trouve en concours avec des ascendants ou des frères et sœurs; qu'il ne fait aucune mention des neveux et nièces, et ne les assimile par aucune disposition aux frères et sœurs pour le règlement et la détermination des droits qu'ils peuvent avoir à l'encontre de l'enfant naturel; qu'il les laisse ainsi, par son silence, en ce qui les concerne, dans la catégorie des parents dont le concours avec l'enfant naturel n'enlève à celui-ci que le quart de la succession. — Attendu que les neveux et nièces, pour se substituer à leurs auteurs et exercer les mêmes droits qu'eux, invoqueraient vainement le bénéfice de la représentation admise par l'article 742, en faveur des enfants et des descendants de frères et sœurs; que la représentation est une fiction de la loi dont les effets ne s'auraient s'étendre au-delà des cas spécialement prévus par elle; que l'article 742 régit exclusivement les successions irrégulières, et que l'appliquer aux successions irrégulières, que le législateur soumet à des règles exceptionnelles qu'il a pris soin de formuler nettement dans un chapitre distinct, ce serait méconnaître tout à la fois et la lettre de la loi et l'esprit qui l'a inspirée. » (C. Cass., 13 janv. 1862.)

Ce système est celui qu'ont adopté plusieurs auteurs, entre autres MM. Troplong (Donat. et Test., t. ii, n° 776), Massé et Vergé (sur Zach., t. ii, p. 275).

Pour nous, il nous semble contraire au texte même de nos lois et contraire à l'esprit certain du législateur; aussi, le rejetterons-nous pour adopter l'opinion généralement professée par les jurisconsultes, et ranger par suite les descendants des frères et sœurs dans la même classe que les frères et sœurs eux-mêmes.

L'argument sur lequel repose tout entier le système de la jurisprudence consiste à dire que nous sommes ici dans un cas de succession purement irrégulière, et qu'on ne saurait, en conséquence, invoquer les règles que la loi a tracée pour les successions régulières. *A priori*, cette opinion semble inadmissible. Comment comprendre, en effet, que par cela seul qu'un enfant naturel se trouvera en concours avec des enfants légitimes, par exemple, et viendra réclamer dans l'hérédité une part qui s'élèvera à un chiffre fort minime, nous serons dans une succession entièrement irrégulière, et n'aurons pour règle que la disposition des articles 756 et suivants, écrits en définitive uniquement pour fixer les droits des enfants naturels ? Et cela est si vrai, que dans le cas de concours de l'enfant naturel avec des descendants légitimes, pour régler les droits de cet enfant, nous serons obligés, l'article 757 à la main, de supposer la succession complètement régulière et d'appliquer aux descendants légitimes les articles 740, 743, 744. Que si maintenant nous passons au concours de l'enfant naturel avec des ascendants ou des collatéraux, où chercherons-nous des règles pour fixer les droits de ceux-ci? Dans les articles qui traitent des successions irrégulières? Il n'y a rien dans ces articles qui ait trait au réglement de ces droits. Il faudra bien se reporter au chapitre des successions régulières et y chercher les articles 746 et suivants, 750 et suivants. Il faut donc bien reconnaître que toute succession dévolue à un enfant naturel et à des parents légitimes, se divise en deux : l'une irrégulière, l'autre parfaitement régulière, et qu'il faudra nécessairement appliquer à chacune d'elles les règles qui lui sont propres. La succession étant régulière du côté des parents légitimes, et l'article 742 appelant les descendants des frères et sœurs à représenter leur père dans les successions qu'il aurait recueillies s'il eût survécu, il faut bien admettre que l'article 757 comprend, dans son deuxième alinéa, les descendants des frères et sœurs.

Du reste, il est facile de prouver que la loi a été rédigée dans cet esprit. La partie de l'article 757 qui a fait naître notre question n'existait pas dans le projet du Code. Elle fut ajoutée par MM. Malleville et Cambacérès, pour que l'article fût concordant avec les dispositions qui règlent le concours entre les ascendants et les frères et sœurs. Or, ces dispositions mettent les neveux et nièces sur la même ligne que les frères et sœurs. Aussi, l'un des rédacteurs, M. Treilliard, expliquant le projet au nom du gouvernement devant le Corps Législatif, déclare-t-il positivement que l'article s'entend des frères et sœurs ou descendants d'eux.

Et voyez d'ailleurs à quel résultat inadmissible on arrive dans le système consacré par la jurisprudence : les neveux et nièces qui, dans la succession ordinaire, excluent les ascendants autres que père et mère, seraient, en face de l'enfant naturel, moins bien traités que ces ascendants.

Et ce que nous venons de dire, nous le disons encore même en dehors du cas de représentation, nous le dirons encore, bien que le frère ou la sœur ne soient pas prédécédés, mais bien renonçants ou indignes ; nous nous appuyons pour cela sur ce que la loi place toujours dans les articles précédents les descendants de frères et sœurs sur la même ligne que leur père et mère, leur donnant les mêmes droits (art. 748, 749, 750). Ainsi donc, qu'ils viennent de leur chef ou par représentation, nous les placerons dans le deuxième alinéa de l'article 757, et nous leur donnerons la moitié de la succession (1).

Troisième hypothèse. — L'enfant naturel concourt avec des collatéraux autres que frères et sœurs.

Ici, comme dans l'hypothèse précédente, la part de l'enfant est invariable ; cette part, quel que soit le nombre des collaté-

____

(1) En ce sens, MM. Dur., t. vi, n^r 228 ; Val., Dem., t. iii, n^r 75 *bis* Demol. (Success.), t. ii, n^s 75.

raux avec lesquels il concourt, est des trois quarts de la portion qu'il aurait eue s'il avait été légitime, c'est-à-dire des trois quarts de la succession entière, puisqu'il aurait eu cette succession s'il avait été légitime.

135. — Examinons maintenant deux difficultés qui naissent du concours de l'enfant naturel avec des ascendants ou des collatéraux autres que les frères et sœurs ou descendants d'eux :

Et d'abord, il peut arriver que le défunt laisse des ascendants dans une ligne et dans l'autre des collatéraux non privilégiés, c'est-à-dire autres que frères ou sœurs. Quelle sera, dans cette espèce, la part à laquelle l'enfant naturel aura droit? Ne pourra-t-il prétendre qu'à la moitié de la succession, ou bien faudra-t-il lui accorder la moitié dans la ligne où il se trouve en concours avec des ascendants, et les trois quarts dans celle dévolue aux collatéraux? L'un et l'autre système a ses partisans.

Pour nous, nous croyons qu'il est conforme à la pensée de la loi et à ses textes de décider que l'enfant naturel prendra la moitié de la part afférente aux ascendants, et les trois quarts de celle qui revient aux collatéraux. La succession, en effet, se scinde ici en deux successions distinctes (art. 733), et nous devons appliquer à chacune d'elles les règles qui lui sont propres (art. 757). L'article 757 n'a nullement voulu dire que l'enfant naturel n'aura jamais droit qu'à la moitié de la succession, toutes les fois qu'un ascendant aurait été appelé, à son défaut, à recueillir même une simple partie de l'hérédité ; la combinaison de cet article avec l'article 733 montre bien la pensée du législateur. — La loi distinguant diverses catégories de parents déclare que dans une certaine proportion, l'enfant naturel ne pourra leur nuire ; c'est ainsi qu'elle permet à l'enfant naturel d'enlever à la classe des ascendants la moitié de la part que ceux-ci auraient prise dans l'hérédité, s'il n'eût pas existé ; tel est le sens de l'article 757. Mais si nous nous plaçons dans l'hypothèse prévue par l'article 733, la succession se divisant en deux parts et observant que d'un côté l'enfant naturel se trouve, dans chaque succession, en face d'une classe distincte de parents légitimes, et que de l'autre le législateur attribue à chacune de ces classes en concours avec cet enfant des droits fort différents et très nettement séparés, il est clair que nous devrons appliquer à chacune le principe posé pour elles par l'article 757.

A notre système, on fait une objection. Si l'on suppose que l'ascendant qui se trouve dans l'une des lignes est le père et la mère du *de cujus*, cet ascendant, aux termes de l'article 754, doit avoir, outre la moitié afférente à sa ligne, l'usufruit du tiers des biens de l'autre ligne. Comment alors concilier les droits du père et de la mère et ceux des collatéraux avec les droits que l'on attribue à l'enfant naturel ? Nous avouons que le père ou la mère n'auront pas la moitié complète de l'usufruit à laquelle ils auraient eu droit ; mais c'est là une conséquence de l'opinion que nous soutenons, et nous ne chercherons pas à a nier ; il ne faut pas résoudre une question principale par une question très-subsidiaire ; nous avons décidé, pour la question de propriété, qui est à coup sûr principale dans l'espèce, que l'enfant naturel doit avoir la moitié de la part réservée aux ascendants, et les trois quarts de celle qui aurait été accordée aux collatéraux s'il n'eût pas existé ; le droit d'usufruit des père ou mère ne s'exerçant que sur le tiers de la portion revenant aux collatéraux, il s'ensuit qu'il ne portera que sur le tiers du huitième des biens. L'article 757 ne fixe la part des ascendants et des collatéraux que comme une conséquence de celle à laquelle il limite le droit de l'enfant naturel ; il faut donc respecter ce droit avant tout. C'est dire en même temps que nous n'hésiterons pas à repousser tout système de transaction ayant pour objet de faire supporter à l'enfant naturel le complément de la moitié du droit d'usufruit qui fût arrivé aux père ou mère s'il n'eût pas existé (1).

136. — Il peut arriver maintenant qu'il y ait des parents légitimes dans une ligne, et qu'il n'y en ait pas dans l'autre. L'enfant naturel pourra-t-il alors invoquer l'article 758 et prendre la part complète afférente à la ligne dans laquelle il ne se trouve pas d'héritiers légitimes ? Je ne le crois pas, parce que, dans l'espèce, la portion afférente à la ligne qui ne compte pas de parents étant, par droit de dévolution, attribuée à l'autre (V. art. 733 et 735), on ne peut plus dire alors qu'il y a deux successions. Le droit de l'enfant naturel se bornera donc à la

(1) *Voy.* MM. Val., Dem., t. ɪɪɪ, n° 75 *bis,* ɪx. — En sens contraire, MM. Zach., Aubry et Rau, t. ɪv, p. 202 ; Demol., Success., t. ɪɪ, n° 76. Ces auteurs enseignent que l'enfant naturel ne prend, dans l'espèce, que la moitié de la succession considérée en masse. La division de la succession entre les deux lignes est étrangère à l'enfant naturel.

moitié ou aux trois quarts de la succession, selon que les parents existants seront des ascendants ou des collatéraux.

Est-il besoin de dire en terminant que la moitié ou les trois quarts, suivant les cas attribués aux enfants naturels, se partagent entre eux par tête, s'ils sont plusieurs ; que si un ou quelques-uns d'entre eux est renonçant ou est indigne, la part ou les parts vacantes accroissent exclusivement celles des autres enfants naturels.

Nous verrons bientôt que l'article 759 permet aux descendants légitimes de l'enfant naturel de le représenter dans la succession de ceux qui l'ont reconnu.

137. — *Quatrième hypothèse.* — *L'enfant naturel est seul, ses père ou mère n'ayant pas laissé de parents au degré successible.*

Dans cette autre hypothèse, l'article 758 nous le dit, l'enfant naturel a droit à la totalité des biens laissés par ses père ou mère.

Il est donc dans ce cas préféré, pour le tout, à l'époux survivant et à l'Etat. Mais ne perdons pas de vue que bien qu'il recueille la succession tout entière, il n'est pas *héritier* ; nous avons vu que le législateur lui avait refusé ce titre ; il n'est que successeur aux biens et doit se faire envoyer en possession.

De cet article 758, il résulte bien que si la loi a restreint dans certains cas, et selon le nombre et le degré de l'héritier régulier, la part de l'enfant naturel, cette restriction ne s'appuyait pas sur une incapacité personnelle, puisque cette restriction même n'existe plus lorsqu'il n'y a pas à craindre de léser des intérêts légitimes. Aussi, faut-il admettre que les parents dans l'intérêt desquels surtout ces restrictions ont été portées, peuvent renoncer à s'en prévaloir (1).

II. — DE LA REPRÉSENTATION DE L'ENFANT NATUREL PAR SES ENFANTS.

138—La loi nous dit dans l'art. 756, *in fine*, qu'il n'est accordé aucun droit à l'enfant naturel sur les biens des parents de ses père et mère. Nous savons, en effet, qu'en général le lien de la reconnaissance n'établit de rapports de parenté qu'entre celui qui reconnaît et celui qui est reconnu. Les enfants naturels sont, par suite, complètement étrangers aux parents de leurs père et mère, que ces parents soient des ascendants, des descendants ou des collatéraux. D'autre part, l'article 759 appelle en termes exprès les descendants de l'enfant naturel à venir réclamer, par représentation de leur père naturel, la totalité des droits que celui-ci aurait eu à exercer dans la succession du défunt. Et cette disposition est logique ; la reconnaissance ayant établi des rapports de paternité à filiation entre l'enfant naturel et son père, il est clair que le lien qui les unit rattache tous les descendants de l'enfant naturel à l'auteur des jours de ce dernier.

(1) Demol., Success., t. II, nº 83.

139. — L'article 759 parle des enfants ou descendants de l'enfant naturel, sans distinction entre les descendants légitimes et les descendants naturels ; de là divergence parmi les auteurs. Nous avouons cependant qu'en présence du principe consacré par l'art. 756 *in fine*, principe qui repose sur cette règle, que les enfants naturels n'entrent pas dans la famille de leurs père et mère, il ne saurait pour nous y avoir de doute et nous n'hésitons pas à penser que le mot « descendants » de l'art. 759 ne peut s'entendre que des descendants *légitimes* de l'enfant naturel.

On invoque contre notre opinion la généralité du texte et les discussions qui eurent lieu à ce sujet au Conseil d'État. En ce qui touche l'argument tiré de la généralité du texte, nous y avons répondu par l'art. 756. Mais, a-t-on dit, il résulte de la discussion du projet, que l'art. 759 s'applique aussi bien aux descendants naturels qu'aux descendants légitimes de l'enfant naturel.

Voici en effet ce qui se passa au Conseil d'État : Arrivé à notre article, on trouva que le mot : *Descendants*, généralement employé pour désigner la seule postérité légitime, bien que placé dans une section où on s'occupait uniquement de régler les droits des enfants naturels, ne présentait pas cependant une signification suffisamment claire. On chercha à préciser sa portée et M. Cambacérès demanda si les descendants naturels de l'enfant naturel étaient compris dans la disposition de l'article 759, sous l'expression de descendants. M. Berlier déclara qu'en effet, ils y étaient compris. Seulement, ajouta-t-il, leurs droits étant réduits à une quotité des biens de leur père, ils ne peuvent le représenter que pour une quote-part des droits qu'il avait. Alors, le consul Cambacérès pour ne laisser aucun doute dans l'esprit des membres du Conseil d'État, développant l'idée de Berlier, déclara que l'enfant naturel avait un droit sur les biens de ses père et mère, droit qui passait à ses propres enfants naturels, avec la réduction qu'entraînait cette qualité. L'article fut adopté ; et l'on peut dire que le Tribunat qui avait sous les yeux des procès-verbaux de la discussion, en adoptant l'art. 759 sans aucune modification ni observation, entendit nécessairement lui conserver le sens que le Conseil d'État lui avait attribué.

Mais il me semble évident au contraire que le texte de l'article 759 n'a pas reproduit le sentiment exprimé par Cambacérès et Berlier, il suffit de le lire pour se convaincre qu'il a, au contraire, repoussé ce sentiment. Ce que cet article accorde aux descendants de l'enfant naturel, c'est la faculté d'exercer les droits qu'aurait pu exercer leur père, *droits fixés par les articles précédents ;* ces droits dans toute leur étendue, de telle sorte qu'en l'absence de parents au degré successible, ils auraient la totalité. Il faudrait donc admettre, pour rester dans les termes de la disposition de l'art. 759, que les descendants naturels de l'enfant naturel auraient les mêmes droits ; mais ce n'est pas là ce qu'expriment Cambacérès et Berlier, ils ne leur accordent qu'une portion de ces droits.

C'est « en cas de *prédécès* de l'enfant naturel que ses descendants légitimes sont appelés à réclamer ses droits ; » faut-il en conclure qu'ils ne peuvent succéder que par le *secours de la représentation*; qu'ils n'ont, *de leur chef*, aucun droit à la succession si leur père qui a survécu au *de cujus* y a renoncé, ou s'il en a été écarté comme indigne ?

Quelques auteurs ont soutenu que les descendants de l'enfant naturel ne pouvait venir que par représentation, se fondant principalement sur le texte de l'art. 759, qui ne parle que du cas où le père est *prédécédé*. Nous croyons cette opinion erronée. Le représentant, selon nous, a une vocation propre et personnelle, il n'emprunte rien au représenté qui, dans l'espèce, est toujours incapable; le seul effet de la représentation est donc de faire occuper au représentant un rang plus élevé que celui qu'il occupe réellement dans l'échelle de la parenté, rang auquel l'appelle la loi interprétant la volonté du défunt. Tel est le droit commun et il est clair que pour le détruire ici, il faudrait une disposition formelle que l'art. 759, purement énonciatif et statuant *de eo quod plerumque fit* ne présente pas (1).

140. — Du reste, il est bien entendu que nous supposons que tous les enfants naturels sont renonçants ou indignes, car s'il n'y en avait que quelques-uns parmi eux qui le fussent, la succession n'étant pas descendue au degré subséquent, leurs descendants ne viendraient pas de leur chef et ceux dont le père serait renonçant ou indigne, ne pourraient rien réclamer.

(1) MM. Zach. Aubry et Rau, t. iy, p. 214; Dem., t. iii, n° 78 bis; Demol., *Succ.*, t. ii, n° 86.

III. — DE L'OBLIGATION POUR L'ENFANT NATUREL D'IMPUTER SUR SA PART *ab intestat* LES DONS QUE LUI A FAITS LE *de cujus;* EN AUTRES TERMES : DU RAPPORT DU PAR L'ENFANT NATUREL.

141. — La loi qui a réglé dans les art. 756 et suivants, les droits des enfants naturels sur les biens de leur père et mère, a pris ses précautions pour que ces droits ne fussent pas étendus au-delà des limites qu'elle leur avait fixées, aussi, verrons-nous l'art. 908 déclarer l'enfant naturel incapable de rien recevoir au-delà de ces droits. Ce n'est pas à dire qu'elle ait défendu aux père et mère de rien leur donner de leur vivant, elle ne peut voir au contraire qu'avec satisfaction les père et mère ne pas attendre leur mort pour s'acquitter envers l'enfant auquel ils ont donné le jour, de l'obligation morale qu'ils ont contractée envers lui, et nous la verrons même bientôt leur offrir elle-même un moyen de se libérer envers lui de leur vivant. Non, encore une fois, ce que la loi a voulu empêcher, c'est que l'enfant naturel pût recevoir de ses père et mère plus qu'elle ne leur attribuait dans ses dispositions. De là l'art. 760 (1).

« L'enfant naturel ou ses descendants sont tenus d'imputer
« sur ce qu'ils ont droit de prétendre, tout ce qu'ils ont reçu

____

(1) L'art. 760, dit M. Chabot, dans son Rapport au Tribunat, est une garantie que les enfants naturels n'auront pas plus que la loi ne permet de leur donner.

« du père ou de la mère dont la succession est ouverte et qui

« serait sujet à rapport d'après les règles établies à la section II,

« chap VI du présent titre. »

Lorsqu'une succession est dévolue à des héritiers légitimes, la masse à partager ne se compose pas seulement des biens qu'à laissés le *de cujus*, elle comprend en outre, ceux dont il avait disposé par donations ou par legs en faveur des héritiers. Aussi, chaque héritier est-il tenu de *rapporter*, c'est-à-dire de remettre à la masse partageable les biens que le défunt lui avait donnés ou légués (Art. 843). Or, tout ce qui serait sujet à rapport, nous dit l'art. 760, l'enfant naturel, est tenu de *l'imputer* sur ce qu'il a droit de prétendre. Ainsi, pour les héritiers légitimes il y a *rapport*, pour les enfants naturels il y a *imputation;* nous verrons plus loin s'il y a réellement une différence entre les deux cas.

142. — Mais comment se fera cette imputation par l'enfant naturel ? Se fera-t-elle sur sa part calculée eu égard aux biens *laissés* par le défunt, ou bien sur sa part calculée eu égard aux biens laissés par le défunt, y compris ceux qu'il a donnés tant à son enfant naturel qu'à ses parents légitimes ? Les résultats seront différents selon que l'on adoptera l'une ou l'autre solution.

Prenons un exemple :

Le défunt a laissé 18,000 fr., un enfant légitime et un enfant naturel auquel il a donné par acte entre-vifs : 3,000 fr. Si l'on décide que l'imputation doit se faire sur la part de l'enfant naturel, calculée eu égard aux biens laissés par le défunt, on dira : La succession est de 18,000 fr.,l'enfant naturel en aurait 9,000, s'il était légitime ; étant naturel, il en a le tiers ou 3,000, qu'il devra imputer sur ce qu'il a reçu ; or, il a reçu 3,000 fr.; il n'a donc rien à prétendre. Décide-t-on , au contraire, que cette imputation doit se faire sur la part de l'enfant naturel, calculée eu égard aux biens laissés par le défunt, y compris ceux dont il a disposé par acte entre-vifs, on dira : La succession se compose de 18,000 fr. qu'il a laissés, plus 3,000 fr. qu'il avait donnés à son enfant naturel, en tout 21,000 fr. L'enfant naturel aurait s'il était légitime 10,050 fr., n'étant que naturel, il en aura le tiers ou 3,500 fr. Il en a reçu 3,000, c'est donc 500 fr. qu'il a encore à prétendre.

Lequel des deux systèmes faut-il adopter ?

L'hésitation ne me paraît guère possible si l'on ne perd pas de vue que dans le règlement des droits successifs de l'enfant naturel, la loi lui accorde une partie de la portion qu'il aurait eue s'il eut été légitime. Or, s'il eut été légitime, les 3,000 fr. qu'il a reçus seraient effectivement revenus aux 18,000 fr. laissés par le défunt, ce qui formerait une masse partageable de 21,000 fr, dont il aurait la moitié ; comme enfant naturel il a droit au tiers de cette moitié ainsi déterminée, c'est-à-dire à 3,500 fr. C'est donc sur cette part de 3,500 fr. qu'il devra imputer les 3,000 fr. qu'il a reçus (1).

(1) MM. Val., Aubry et Rau sur Zach., t. IV, p. 518 ; Demol., *Success.*, t. II, nº 97.

143. — Le principe qui vient de me conduire à cette solution me conduit encore à dire que l'enfant naturel peut exiger que les parents légitimes rapportent à la succession du défunt les biens que celui-ci leur a donnés ou légués, car s'il était légitime il aurait le droit d'exiger ce rapport.

Et qu'on ne me dise pas que le rapport n'étant dû que de *cohéritier à cohéritier* (art. 857), l'enfant naturel n'a pas droit de l'exiger parce qu'il n'est pas héritier (art. 756). La réponse serait facile : Le mot héritier dont se sert la loi ne doit pas être pris dans un sens trop restreint, elle l'emploie souvent elle-même dans un sens pratique et général (Voy. en effet les art. 317, 829, 778, 780, 815, 841, etc.). Et l'art. 857 lui-même, sur lequel on s'appuie en opposant le mot cohéritier aux créanciers de la succession et aux légataires, nous montre bien qu'il est là pour désigner tout individu venant à la succession en vertu de la loi. Si le défunt n'avait laissé que des enfants naturels et que l'un d'eux ait reçu de lui des libéralités considérables, faudrait-il dire que le rapport n'est pas dû. C'est pourtant là qu'il faudrait en arriver si l'on persistait à prendre le mot « cohéritier » dans le sens restreint qu'on lui donne.

Y a-t-il une différence entre l'imputation à laquelle l'article 760 oblige l'enfant naturel et le rapport proprement dit auquel la loi soumet l'héritier légitime dans les art. 842 et suivants? Cette question a divisé les auteurs.

S'attachant au sens grammatical du mot : *imputer*, on a dit :

imputer c'est, non pas faire un rapport *en nature*, remettre dans la succession les biens du défunt, mais tenir compte de la valeur qu'ils avaient *au moment de la donation* et précompter cette valeur sur sa part. C'est un rapport *en moins prenant*. Le rapport proprement dit, au contraire, se fait *en nature;* les biens reçus sont réunis aux autres biens du défunt (art. 858) et quand par exception le rapport se fait comme l'imputation, c'est-à-dire en moins prenant, on considère la valeur qu'ils avaient, non pas au moment de la donation, mais au moment de l'ouverture de la succession (art. 860). — Du reste, cette différence entre le rapport proprement dit et l'imputation n'existe qu'autant qu'il s'agit de donations *d'immeubles*. Quant aux donations de meubles, en effet, la théorie du rapport est semblable à celle de l'imputation sur les meubles, se rapporte toujours en moins prenant, d'après la valeur qu'ils avaient au moment de la donation (art. 868) (1).

Ce système aboutit à ce résultat qui ne saurait guère être admis, que l'enfant naturel a tantôt plus, tantôt moins que la portion à laquelle il aurait droit s'il eut été légitime.

144. — Nous croyons, pour nous, qu'il faut dire que *l'imputation* n'est autre chose qu'un *rapport* proprement dit. Nous répétons encore que la loi fixe les droits de l'enfant naturel à une fraction de la portion *qu'il aurait eue s'il eut été légitime*, cette fraction doit donc être déterminée d'après les règles qui régissent le rapport proprement dit. Que dit aussi l'article 760? *Les mêmes choses qui sont rapportables*

(1) V. Marc, art. 760. Duc., Bon. et Ron., même article.

dans les successions ordinaires sont imputables en matières de successions, irrégulières (art. 843, 829, 852, 854 et 855).

Mais tout en disant que l'imputation n'est autre chose que le rapport proprement dit, nous ne perdons pas de vue l'art. 908, dont l'art. 760 n'est que le corollaire; or, de cet art. 908 il résulte que les enfants naturels ne peuvent recevoir comme donataires ou légataires, plus qu'ils n'auraient en qualité de successeurs *ab intestat*, d'où les conséquences suivantes qui forment les seules différences qui existent entre l'imputation dont il s'agit ici et le rapport proprement dit.

145. — Les conséquences qui découlent, disons-nous, de la disposition sont :

1° Que l'enfant naturel ne peut recevoir des libéralités par *preciput*, c'est-à-dire qu'il ne peut être dispensé par le défunt d'en faire l'imputation.

2° Qu'il est tenu d'imputer non-seulement ce qui lui a été donné ou légué, mais encore ce qui a été donné à ses enfants ou à son conjoint.

3° Que si les descendants de l'enfant naturel succèdent à son défaut, ils doivent rapporter ce qu'ils ont reçu et aussi ce qu'a reçu leurs père ou mère (Ces deux dernières conséquences découlent de la présomption contenue dans l'art. 911).

En ce qui touche le rapport proprement dit, nous voyons, au contraire, que les parents légitimes légataires ou donataires peuvent être dispensés du rapport (art. 849), qu'ils ne rapportent pas ce qui a été donné ou légué à leurs enfants (art. 845) ou à leur conjoint (art. 843). Enfin les descendants d'un fils légitime ne rapportent les dons que leur père a reçus que lorsqu'ils succèdent par représentation (art. 848).

Mais sauf ces différences, les règles du droit commun en matière de rapport sont applicables aux enfants donataires ou légataires. Le rapport se fait *en nature* ou *en moins prenant* suivant les distinctions établies par les art. 859, 860 et 868 (1).

IV. — DU MOYEN DONNÉ PAR LA LOI AUX PÈRES ET MÈRES D'ÉCARTER DE LEUR SUCCESSION LEUR ENFANT NATUREL.

146. — La loi a pensé que le père ou la mère naturel pouvaient craindre que la présence de leur enfant naturel au partage de la succession peut donner à leur écarts une publicité fâcheuse pour leur mémoire: d'autre part, cette présence de l'enfant naturel pouvait devenir pour les héritiers légitimes une source de débats pénibles et d'altercations; c'est pour cela qu'il a été mis à la disposition des père et mère un moyen d'écarter leur enfant naturel de leur succession. Ce moyen leur est fourni par l'art. 761.

« Toute réclamation leur est interdite (aux enfants naturels)
« lorsqu'ils ont reçu du vivant de leur père ou de leur mère,

(1) V. MM. Val. Demol. T. II, N° 99.

« la moitié de ce qui leur est attribué par les art. précédents,
« avec déclaration expresse de la part de leur père ou de leur
« mère que leur intention est de réduire l'enfant naturel à la
« portion qu'ils lui ont assignée.

« Dans le cas où cette portion serait inférieure à la moitié
« de ce qui devrait revenir à l'enfant naturel, il ne pourra ré-
« clamer que le supplément nécessaire pour parfaire cette
« moitié. »

147. — On voit que ce moyen est soumis à plusieurs conditions, il faut :

1° Que la portion de biens donnée par le père ou la mère à
l'enfant naturel soit au moins de *la moitié* de celle que lui assi-
gnaient les art. 757 et 758 dans la succession *ab intestat*.

2° Que le père ou la mère *déclare expressément* que l'enfant sera réduit à la portion de biens qu'il lui donne actuellement.

148. — Mais faut-il que la donation qui est ainsi faite à l'enfant naturel soit *acceptée* par lui ?

Ce point a été controversé en doctrine. Pour la négative, on
a dit que la faculté accordée au père d'écarter son enfant naturel de sa succession et de la réduire à la moitié de sa part fixée
par la loi, dérive de sa puissance paternelle ; que son effet n'est
point subordonné à l'acceptation de l'enfant naturel ; qu'à
défaut d'acceptation, des offres réelles peuvent être valablement faites et que la déclaration par le tribunal de la validité

des offres, équivaut à une donation acceptée par l'enfant naturel. En jurisprudence, cette opinion a été consacrée par plusieurs arrêts de la Cour suprême (1). Ce système compte aujourd'hui peu de partisans. L'art. 761 suppose une libéralité *reçue* par l'enfant, or une libéralité *reçue* est une libéralité *acceptée*. M. Simeon, dans son discours au Corps Législatif, qualifie de *donation* l'opération qui intervient entre le père et l'enfant naturel, lorsqu'il dit : « Une pareille *donation* est utile et pour l'enfant qu'elle fait jouir plus tôt, et pour la famille qu'elle débarrasse d'un créancier odieux. »

Ainsi donc, tout est subordonné à *l'acceptation* de l'enfant. C'est là une exception remarquable au principe que l'on ne peut traiter sur une succession future, qu'on ne renonce pas à une succéssion qui n'est pas encore ouverte (art. 791, 1130) (2).

Il est bien entendu au reste que cette donation doit être nécessairement faite du vivant du père ou de la mère, car, faite dans le testament, l'enfant, réduit de moîtié, ne trouverait plus de compensation, et cette compensation consiste dans la jouissance actuelle et immédiate de biens sur lesquels il n'avait qu'un droit éventuel.

149. — Nous avons vu que la donation faite par le père ou la mère, de leur vivant, devait être au moins de la moitié des droits que l'enfant naturel aurait eus s'il fût venu à la succes-

(1) C. Cass. 21 avril 1833, 31 août 1847.

(2) Voy. MM. Zach. Aubry et Rau, T. IV, P. 215. Marc., art. 761. Demol. T. II. No 105.

sion. Aussi le second alinéa de l'art. 761 nous dit-il qu'au cas où la donation serait inférieure à la moitié, l'enfant pourra réclamer le supplément nécessaire pour la parfaire. Mais ce n'est qu'au décès du donateur, au moment où sa succession s'ouvrira que l'on pourra reconnaître si l'enfant naturel a reçu ou non cette moitié ; il faudra donc bien que cet enfant intervienne aux opérations du partage , aux levées des scellés, aux inventaires, aux estimations de biens, afin de juger s'il n'y a point lieu pour lui de former une demande en supplément , et c'est justement ce que la loi avait en vue d'éviter.

CHAPITRE CINQUIÈME.

DE LA CAPACITÉ DES ENFANTS NATURELS RECONNUS DE RECEVOIR A TITRE GRATUIT DE LEUR PÈRE OU MÈRE.

150. — Nous avons vu le législateur dominé par la pensée de conserver au mariage les privilèges auxquels il a droit, honorer la parenté légitime et placer dans une condition bien inférieure celle qui n'est le résultat que d'une union formée en dehors des règles de la loi. C'est ainsi qu'à l'enfant naturel il refuse le titre d'héritier et refuse de continuer dans sa personne celle du défunt, ne lui accordant lorsqu'il se trouve en concours avec des parents légitimes que des droits le plus souvent fort minimes dans sa succession. Ce n'est pas tout, le législateur, d'abord indécis (cela résulte de l'observation faite par Cambacérès sur l'art. 758), a été plus loin, il a craint que

les père et mère. désireux de réparer leur faute ne voulussent disposer en faveur de leur enfant naturel de tout ou partie de leur quotité disponible et dépasser ainsi les limites qu'il avait fixées ; c'est pourquoi il a écrit les art. 908 et 911.

151. — Occupons-nous d'abord de l'art. 908.

Il résulte clairement de la lecture de cet article, qu'il est écrit uniquement pour l'hypothèse où l'enfant, naturel a été *reconnu* par ses père et mère, car c'est la reconnaissance qui établit les rapports de paternité et maternité à filiation auxquels les droits de l'enfant sont attachés. Il s'ensuit donc que si l'enfant n'a pas été reconnu, il est, aux yeux de la loi, complètement étranger à ceux qui lui ont donné le jour, il peut donc recevoir d'eux tout comme un étranger.

Nous n'avons donc à nous occuper que des enfants naturels reconnus.

Ceci étant posé, demandons-nous si l'incapacité dont la loi frappe ces enfants dans la succession de leurs père et mère, s'étend à leurs descendants légitimes venant de leur chef ou par représentation (art. 759), à la succession de leur aïeul issu d'un légitime mariage ? L'affirmative ne me semble pas douteuse en présence de l'art. 908. Notre législation, attribuant à ces descendants des droits de succession aux biens de leur aïeul légitime, et l'art. 908, ayant pour but évident de confirmer les règles établies au titre des successions, on peut en conclure que cet article emploie l'expression des enfants naturels, dans un sens énonciatif, ne s'occupant expressément que de régler l'hypothèse qui se présente dans l'immense majorité des cas ; on doit donc le lire comme s'il renfermait aussi : Les enfants naturels, et à leur défaut, leurs descendants légitimes. etc. Comment d'ailleurs pourrait-on admettre que la loi qui accorde à ces descendants des droits entièrement analogues à ceux qu'elle donne aux auteurs de leurs jours ne frapperait pas ces droits de la même incapacité ?

La portion à laquelle les enfants naturels reconnus ont droit en qualité de successeurs *ab intestat* ne peut être connue et déterminée qu'au décès de leur père ou mère, puisqu'elle varie suivant la qualité des parents avec lesquels ils concourent et même suivant leur nombre, quand ceux qui succèdent avec eux sont des enfants légitimes (art. 757), en un mot la portion dont il est permis de disposer à leur profit, se mesure sur la portion que la loi leur accorde dans la succession *ab intestat*. D'où la conséquence qu'il faut pour apprécier l'étendue de la libéralité qu'ils ont droit de conserver, se placer, non pas au moment de la donation ou de la confection du testament, mais au moment de l'ouverture de la succession du disposant.

L'incapacité dont l'article 908 frappe l'enfant naturel n'est pas le but principal du législateur, mais seulement le moyen dont il se sert pour arriver à conserver les biens aux parents légitimes, cet article n'est donc en réalité qu'un accessoire des dispositions législatives sur les successions, dispositions dont le but final est la transmission des biens. Il consacre donc en dernière analyse un statut réel et non un statut personnel et se rattache plutôt à la théorie de *l'indisponibilité* des biens entre

les mains des père et mère qu'à *l'incapacité de l'enfant naturel*. Nous en concluerons que la personne qui a fait une donation exagérée à son enfant naturel reconnu ne peut pas elle-
même en demander la réduction : ce droit n'appartient qu'à ses
héritiers *légitimes*.

152. — La règle de l'art. 908 s'applique sans difficulté au
cas où les enfants naturels sont appelés à concourir avec des
parents légitimes à la succession de leurs père et mère, mais
régit-elle également l'hypothèse où les enfants naturels viennent seuls recueillir cette hérédité. Faut-il dire que même dans
ce cas, les père et mère naturels ne pourront disposer au profit
de quelques-uns d'entr'eux d'une part, si faible qu'elle soit de
leur quotité disponible? Je ne le crois pas, l'incapacité de
l'art. 908 n'a eu pour but, nous l'avons dit que de sauvegarder
l'intérêt des parents légitimes, or dès que cet intérêt est écarté,
pourquoi refuser aux père et mères naturels la faculté donnée
aux père et mère légitimes d'avantager certains de leurs enfants dont ils n'ont eu qu'à se louer, au préjudice de ceux dont
ils ont eu à se plaindre? Cela, croyons-nous, n'est point entré
dans la pensée du législateur. M. Jaubert, au contraire, dans
son rapport au Tribumat, après avoir annoncé la disposition
de l'art. 908, l'a complété en déclarant que les enfants naturels
ne sont incapables de recevoir au-delà de ce qui leur est accordé au titre des successions, qu'alors qu'ils sont en concours
avec des parents légitimes.

« Les enfants naturels, disait cet orateur, ne pourront jamais rien recevoir au-delà de ce qui leur est accordé au titre

des successions; pour le surplus, ils seront toujours exclus tant qu'il y aura des parents au degré successible. » Ne ressort-il pas de là que si les enfants naturels ne peuvent recevoir au-delà de ce qui leur est attribué au titre des successions lorsqu'ils sont en concours avec des parents légitimes, ils peuvent recevoir davantage lorsqu'ils sont seuls.

Passons maintenant à l'art. 911.

153—Le législateur a prévu les fraudes auxquelles pourraient se livrer les père et mère naturels pour éluder les règles qu'il a établies, pour limiter les libéralités que leur conscience, leur remords pourraient les porter à faire à ceux qui sont le fruit de leur faute. Et comme l'expérience lui révèle que les fraudes les plus à craindre sont celles qui se produisent par la simulation d'un contrat ou l'interposition de personnes, il déclare nulle, toute disposition faite au profit d'un incapable par l'une ou l'autre de ces voies.

154. — Examinons d'abord le premier genre de fraude prévu par l'art. 911. — La libéralité est faite sous le voile d'un contrat à titre onéreux lorsque l'une des parties déclare *faussement* avoir reçu un équivalent pécuniaire en échange de celui qu'elle procure; par exemple, lorsque elle déclare dans un acte de vente que le prix a été payé tandis qu'elle ne l'a pas reçu ou lorsqu'elle se reconnaît débitrice d'une somme qu'elle n'a pas empruntée. Voilà des fraudes qui peuvent exister entre un père naturel par exemple et son enfant. Dans ces cas et dans tous ceux qui pourraient se présenter, les juges devront dé-

chirer le voile qui couvre ce contrat pour lui rendre son véritable caractère. Mais la convention qui se présente avec les caractères d'un contrat à titre onéreux est présumée sérieuse et réelle jusqu'à preuve contraire, car la fraude ne se présume pas. Ce sera donc à ceux qui prétendent que cette convention cache une libéralité déguisée à le prouver. Ils pourront du reste le faire par témoins et même par de simples présomptions (art. 1348, 1353).

155. — Voyons maintenant le second genre de fraude prévu par notre article. — La libéralité est faite sous le nom d'une personne interposée lorsque le donataire ou légataire désigné dans l'acte de donation ou dans le testament s'est, par un acte secret, engagé moralement à restituer le bénéfice de la libéralité à celui que la loi a frappé de l'incapacité de recevoir. Mais ici encore ce sera à celui qui voudra prouver que le bénéficiaire apparent n'est qu'un instrument dont on s'est servi pour faire arriver les biens entre les mains de l'incapable à établir la vérité de son allégation. Il pourra le faire soit par témoins, soit à l'aide de présomptions de fait que le juge induira des circonstances de la cause. Il y a plus, la loi elle-même viendra à son secours, en déclarant que la libéralité est faite à l'incapable par l'interposition de la personne qui figure dans l'acte lorsque le bénéficiaire est le père, la mère, le conjoint ou l'un des descendants de la personne incapable, et comme cette présomption a pour effet de conduire à l'annulation de l'acte (art. 911), elle est ici invincible; aucune preuve ne sera admise contre elle (1352) Cette présomption doit être appliquée avec toute l'étendue que

comporte la généralité de ses termes, aussi déclarons-nous personnes interposées, les pères, mères (1) et enfants naturels ou adoptifs et aussi le conjoint séparé de corps ou non. Mais d'un autre côté, il ne faudra pas étendre cette présomption au-delà des termes précis de l'art. 911, aussi ne comprendrons-nous parmi les personnes interposées, ni les ascendants ni les collatéraux de l'enfant naturel, ni la personne vivant en concubinage avec lui.

156. — Quelle sera maintenant la sanction attachée à la violation des dispositions prohibitives de l'art. 911? Elle consistera dans l'annulation de l'acte déguisé ou de la donation faite par personne interposée ; dans la limite de l'incapacité de recevoir de celui auquel la libéralité est adressée.

157. — Mais remarquons en finissant que la loi n'annule que les dispositions au profit d'un incapable, faites par déguisement de contrat ou interposition de personnes. En dehors des deux cas prévus par l'art. 911, toutes libéralités, même faites

---

(1) Le concubin ne peut donner ou léguer à sa concubine et réciproquement, que ce qu'il pourrait donner ou léguer à son enfant naturel pnisqu'aux termes de l'article 911, les libéralités faites au père ou à la mère d'un incapable, sont réputées faites à l'incapable lui-même. Mais si l'enfant reconnu n'existait plus au moment de la disposition, ou s'il n'a été reconnu que par son père ou sa mère, le concubin peut donner à sa concubine et réciproquement, tout ce qu'il pourrait donner à une autre personne. Le Code n'a point reproduit le système de l'ancien droit qui réprouvait les donations faites aux concubines.

en dehors des formes de la donation lorsque la loi le permet :
Comme la remise d'une dette où les dons manuels ne seront
que rapportables ou réductibles.

CHAPITRE SIXIÈME.

Des Droits des père et mère et des frères ou sœurs sur les Biens de l'Enfant naturel décédé.

158. — Nous avons supposé jusqu'ici l'enfant naturel survivant à ses père et mère et nous avons étudié les droits que le
Code lui accordait sur les biens laissés par ceux-ci ; nous allons
maintenant le supposer décédé et voir quelles personnes sont
appelées à lui succéder.

De deux choses l'une, ou l'enfant naturel n'a pas été reconnu
ou il l'a été. Dans le premier cas, si aucun lien civil ne le rattache à ceux qui lui ont donné le jour, il n'en est pas moins
vrai qu'il peut être le chef d'une famille dont les membres ont
des droits dans sa succession ; il aura donc pour successeurs,
d'abord ses enfants, soit légitimes, soit adoptifs, soit naturels,
à défaut d'enfant, son conjoint survivant et à défaut de ce conjoint, l'Etat. Dans le second cas, celui-ci où il aura été reconnu, ses successeurs pourront être : ses enfants légitimes,
adoptifs ou naturels ; ses père ou mère ; ses frères ou sœurs

soit naturels, soit légitimes, son conjoint survivant et enfin l'État.

159. — La loi dans les articles 765 et 766 a tracé les règles relatives à la succession de l'enfant naturel reconnu.

Nous aurons, d'après ces articles, à examiner les hypothèses suivantes : L'enfant naturel n'a laissé que des descendants, ou il a laissé des descendants et son père ou sa mère, ou bien encore, décédé sans postérité, il a laissé ses père et mère, ou enfin il n'a laissé que des frères et sœurs.

160. — *Première hypothèse.* — *L'enfant naturel n'a laissé que des descendants.*

Ces descendants viennent à la succession à l'exclusion de tous autres. S'ils sont légitimes, ils succèdent d'après les règles établies en matière de succession régulière, car la nature de la succession ne s'estime pas eu égard à la condition du *de cujus*, mais selon celle de ses successeurs. On fera donc, en ce cas, l'application de l'article 745. Nous en dirons autant des enfants adoptifs (Art. 350).

Si parmi les descendants laissés par l'enfant naturel, les uns sont légitimes, les autres naturels, les droits de ces derniers seront réglés conformément à l'article 757 ; ils auront le tiers de la portion qu'ils auraient eue s'ils eussent été légitimes ; on aura, ainsi que nous l'avons dit, deux successions : l'une irrégulière, l'autre régulière, et l'on appliquera à chacune d'elles les règles qui lui sont propres.

Enfin, si ces descendants sont tous naturels, nous leur appliquerons l'article 758 et leur donnerons la totalité de la succession, même à l'exclusion des père et mère de leur père naturel, comme nous allons voir.

161. — *Seconde hypothèse.* — *L'enfant naturel a laissé des descendants et son père ou sa mère.*

Le père ou la mère est exclu par les *descendants*. Mais faut-il entendre ce mot des descendants naturels aussi bien que des descendants légitimes laissés par le *de cujus?*

Je crois, sans hésiter, qu'il faut dire que le père ou la mère est exclu par tout descendant, même naturel ; l'article 765, en n'accordant la succession de l'enfant naturel au père ou à la mère qui l'a reconnu, qu'à défaut de *postérité*, ne distingue pas, et il paraît clair que ce mot est employé ici par la loi dans son acception la plus large. On oppose, il est vrai, l'article 757, qui ne donne à l'enfant naturel en concours avec le père *légitime* du *de cujus* que la moitié de la succession ; mais cette objection ne saurait être sérieuse, si l'on réfléchit que le cas n'est plus le même. Il s'agit, dans l'article 757 d'un ascendant légitime ; or, ici, le *de cujus* étant lui-même naturel, c'est d'un ascendant naturel qu'il est question, et l'un ne saurait être aussi favorable que l'autre ; l'ascendant légitime n'a aucune faute à se reprocher ; il n'en est pas de même de l'ascendant naturel, qui a sur la conscience sa paternité illégitime, et il est juste de lui préférer son petit-fils naturel, car si celui-ci est le fruit malheureux d'une faiblesse, il n'a du moins commis aucune faute (1).

162. — Que si maintenant nous supposons que le *de cujus* ait laissé son père ou sa mère naturels et des petits-fils, pas de difficulté. Ces petits-fils sont-ils les enfants *légitimes d'un fils* soit *légitime*, soit *naturel?* Le père sera exclu, car aux termes de l'article 759, les enfants *légitimes* d'un fils naturel sont autorisés à réclamer les droits que la loi assigne à leur père, et l'article 740 admet les enfants légitimes d'un fils légitime prédécédé à représenter leur père.

Sont-ils au contraire enfants *naturels* du fils prédécédé, ils ne succèdent point, car l'article 756 refuse aux enfants naturels tout droit sur les biens des parents de leur père ou de leur mère. Dans ce cas donc, le père ou la mère du *de cujus* viendra à la succession de celui-ci, car on peut dire qu'il est sans postérité (2).

(1) MM. Val., Zach., Aubry et Rau, t. iv, p 219; Demol., Success., t. ii, n₀ 143.

(2) Les père et mère naturels ont-ils droit à une réserve dans la succession de leur enfant?

Des arrêts de la Cour de Cassation des 26 déc. 1860 et 29 janv. 1862 ont décidé qu'il n'y avait lieu à aucune réserve. Le dernier arrêt est ainsi conçu : — « Attendu que toute personne peut donner et recevoir, excepté celles que les lois en déclarent incapables ; que la réduction des libéralités ne peut être demandée que par ceux au profit desquels la loi fait la réserve ; que la loi n'accorde aucune réserve, dans la succession de l'enfant naturel, au père ou à la mère qui l'a reconnu ; que la dévolution

163. — *Troisième hypothèse. — L'enfant naturel décédé sans postérité a laissé ses père et mère.*

Dans cette hypothèse, l'art. 765 nous le dit, la succession est dévolue au père ou à la mère qui a reconnu le *de cujus* ou par moitié à tous les deux s'il a été reconnu par lui et par l'autre. Si l'un des deux renonce ou est écarté comme indigne, l'autre succède seul et prend le tout.

Un enfant naturel décédé laissant un *fils légitime* qui lui succède, puis ce fils légitime vient à mourir sans postérité, le père naturel de son père peut-il lui succéder ? Pour l'affirmative, on a dit : l'article 759 permet aux enfants légitimes de succéder au père naturel de leur père ; il faut donc admettre la réciprocité qui est de règle en matière de succession : *si vis te mihi succedere, fac ut tibi succedam*, et l'on ajoute que, ne pas admettre l'aïeul naturel à la succession de son petit-enfant, conduirait à une conséquence fort dure, car il arrivera souvent

à leur profit de cette succession, lorsque l'enfant décède sans postérité, ne saurait, en l'absence d'une prohibition formelle, lui enlever le droit absolu de disposer, qu'il tient de la loi ; que les articles 913 et 916, Code Napoléon, rapprochés des deux articles qui les précèdent, et interprétés par leurs termes mêmes, ne s'appliquent évidemment qu'à la succession légitime ; — Qu'enfin, des considérations tirées : soit de l'assistance due au père ou à la mère par l'enfant naturel, soit de la convenance d'une réciprocité qui, en fait, serait contestable, ne peuvent, en pareille matière, suppléer au silence de la loi. » (C. Cass., 29 janv. 1862.)

Voir, dans le même sens, notre savant professeur M. Demol. (*Donations entre-vifs et testam.*).

que cette succession se composera en grande partie de biens donnés par cet aïeul à son enfant ou même directement à son petit-enfant.

A cela je réponds que la réciprocité que l'on invoque n'est pas une règle sans exception ; en veut-on un exemple ? je le trouve dans l'adoption. L'adopté est habile à succéder à l'adoptant et cependant celui-ci est inhabile à succéder à son fils adoptif. J'en conclus donc que l'aïeul naturel serait exclu de cette succession, non-seulement par tous les parents au degré successible, mais que le conjoint et même l'Etat devrait lui être préféré : conséquence dure, j'en conviens, avec les partisans du système opposé, mais, en matière de succession, on ne peut suppléer aux textes, et ici nous n'en avons aucun (1).

164. — Le père et la mère succèdent ensemble à l'enfant naturel décédé sans postérité ; celui des deux qui lui avait donné des biens retrouvés en nature dans sa succession, a-t-il le droit de les reprendre à l'exclusion de l'autre ? En d'autres termes, le retour successoral de l'art. 747 a-t-il lieu pour l'ascendant naturel ?

Je ne le crois pas ; l'art. 747 constitue une exception au droit commun et une exception ne saurait être étendue sans un texte formel et d'autant plus ici, qu'elle n'est posée que pour ce qui regarde les successions légitimes, et nous nous occupons en ce moment de successions irrégulières. On pourrait faire l'objection suivante, il est vrai : Lorsque le *de cujus* laisse des biens

(1) MM. Val ; Demol. T. III, N. 85 bis IV ; Demol. Success. T. II, N. 149.

que lui a donnés son père naturel, les enfants légitimes de celui-ci sont appelés par l'art. 766 à les reprendre à l'exclusion de tous autres successeurs ; or, si ce droit de retour appartient aux enfants légitimes du donateur, *à fortiori* doit-il appartenir au donateur lui-même. La réponse à cette objection est bien simple, et c'est l'art. 766 lui-même qui en fournit l'élément. Que résulte-t-il en effet des termes de cet article ? Que ce droit de retour n'appartient aux enfants légitimes du donateur qu'à défaut du père et de la mère du *de cujus* ; donc ce droit de retour ne peut s'exercer lorsque le *concubin a survécu* à son enfant naturel, et si ce droit ne leur appartient pas, dans ce cas, il est bien évident qu'on ne peut pas dire par *à fortiori* qu'il appartient dans le même cas au concubin.

Je sais bien que ce système aura une conséquence regrettable, celle de faire profiter l'un des concubins de libéralités faites par l'autre, mais on ne peut, même autorisé par une considération morale, ajouter à la loi (1).

165. — *Quatrième hypothèse*. — *L'enfant naturel n'a laissé que des frères et sœurs.*

Les frères et sœurs laissés par l'enfant naturel peuvent être les autres enfants *légitimes* de son père ou de sa mère (ses frères et sœurs légitimes) ou des autres enfants *naturels* de l'auteur de ses jours (ses frères et sœurs naturels).

Lisons d'abord l'article 766 :

____

(1) MM. Zach. Aubry et Rau, T. II, p. 226 ; Demol. T. Iᵉʳ, n 496. En sens contraire, MM. Dur. T. VI, n. 221, Marc. art. 747.

Art. 766. — « En cas de prédécès des père et mère de l'en-
« fant naturel, les biens qu'il en avait reçus, passant aux frères
« ou sœurs légitimes, s'ils se retrouvent en nature dans la suc-
« cession, les actions en reprise, s'il en existe, ou le prix de
« ces biens aliénés, s'il est encore dû, retournent également
« aux frères et sœurs légitimes. Tous les autres biens passent
« aux frères et sœurs naturels ou à leurs descendants. »

166. — Ainsi la succession de l'enfant naturel se divisera ici
en deux parts : D'un côté, les biens qu'il avait reçus de ses
père et mère, de l'autre, ceux qui lui sont advenus par une
autre voie.

Supposons d'abord que le *de cujus* n'a laissé que des frères
légitimes. Ceux-ci recueilleront les biens que le *de cujus*
avait reçus de leur père ou de leur mère et qui se retrouvent
en nature dans sa succession. C'est une succession anormale
pareille à celle qui est établie par l'article 747 en faveur de
l'ascendant donateur, ou par l'article 351 en faveur des enfants
de l'adoptant.

Mais remarquons que ce droit ne leur appartient qu'autant
que les *père et mère* du *de cujus* sont prédécédés, qu'il n'appartient qu'aux enfants du concubin donateur.

L'article 766 ne parle que des *frères* ou *sœurs* du *de cujus;*
que faut-il décider à l'égard de leurs descendants ? Malgré tous
les arguments que l'on pourrait faire valoir, je m'en tiens ici
au texte même et n'étends point ce droit de retour aux frères et
sœurs ; nous sommes ici dans une matière toute exceptionnelle

en dehors du droit commun et il n'y a pas lieu d'expliquer par analogie les art. 746, 748, 749 et 750 qui, à défaut de frères et sœurs appellent constamment leurs descendants (1).

Du reste, le droit des frères et sœurs légitimes se borne à ce droit de retour; ils n'ont rien à prétendre autre dans la succession du *de cujus*.

167. — Supposons maintenant que le *de cujus* n'a laissé que des frères et sœurs *naturels*. Ceux-ci excluent le conjoint et l'Etat. C'est une dérogation au principe que l'enfant naturel ne succède point aux parents de son père ou de sa mère. Cette dérogation est basée sur une considération très juste. Sans famille et dans une situation semblable, les enfants naturels ont entre eux un lien commun, celui d'une pareille fortune; peu aisés et sans espoir de recueillir aucune succession, il était équitable de leur permettre de se succéder les uns aux autres. C'est sur ce lien de la communauté de malheur qui fait des enfants naturels et issus du même père une même famille, que je m'appuie pour penser qu'il n'y a pas lieu d'appliquer, en ce qui les regarde, les articles 733 et 752. Ainsi donc, si le *de cujus* a laissé des frères naturels utérins, des frères naturels consanguins, des frères naturels germains, tous viendront au partage également et par tête, sans qu'on ait à tenir compte du double lien qui unissait les germains au *de cujus* (2).

(1) MM. Val, Demol., t. III, n° 86, liv. IV ; Voy. en sens contraire MM. Dur., t. IV, n° 337; Demol., t. II, n° 156.

(2) V. M. Demol., *Succ.*, t. II, n° 164.

168. — Et ce n'est pas seulement les frères et sœurs naturels du *de cujus* que la loi appelle à la succession de celui-ci, ce sont aussi leurs *descendants*, *légitimes* sans doute, puisque s'ils étaient naturels, ils ne succèderaient pas aux parents de leurs père et mère (756). Ces descendants peuvent venir non-seulement de leur chef, mais encore *par représentation*, bien que ce dernier point ait été contesté par quelques auteurs.

169. — Que si enfin le *de cujus* a laissé tout à la fois et des frères et sœurs *légitimes* et des frères et sœurs *naturels*, les seconds excluent les premiers, du moins pour tous les biens que le *de cujus* avait reçus de ses père et mère et qui se trouvent en nature dans sa succession.

Ces biens sont, en effet, nous l'avons vu, les seuls auxquels puissent prétendre les frères et sœurs légitimes ; pour les autres ils seraient exclus, à défaut des frères et sœurs naturels, par le conjoint *du cujus* et même par l'Etat, car ainsi que le disait le le consul Cambacérès, l'Etat ayant la charge des enfants naturels, il est juste qu'il leur succède quelque fois.

FIN.

TABLE DES MATIÈRES.

LES ENFANTS NATURELS DEVANT LA LOI FRANÇAISE.

LÉGISLATION ACTUELLE.

Première Partie.

DES PREUVES DE LA FILIATION NATURELLE.

CHAPITRE PREMIER.

DE LA RECONNAISSANCE DES ENFANTS NATURELS.

CHAPITRE SECOND.

DE LA LÉGITIMATION DES ENFANTS NATURELS.

APPENDICE.

Deuxième Partie.

DES EFFETS DE LA FILIATION NATURELLE PROUVÉE.

FIN DE LA TABLE DES MATIÈRES.

Rouen. — Imprimerie E. CAGNIARD.

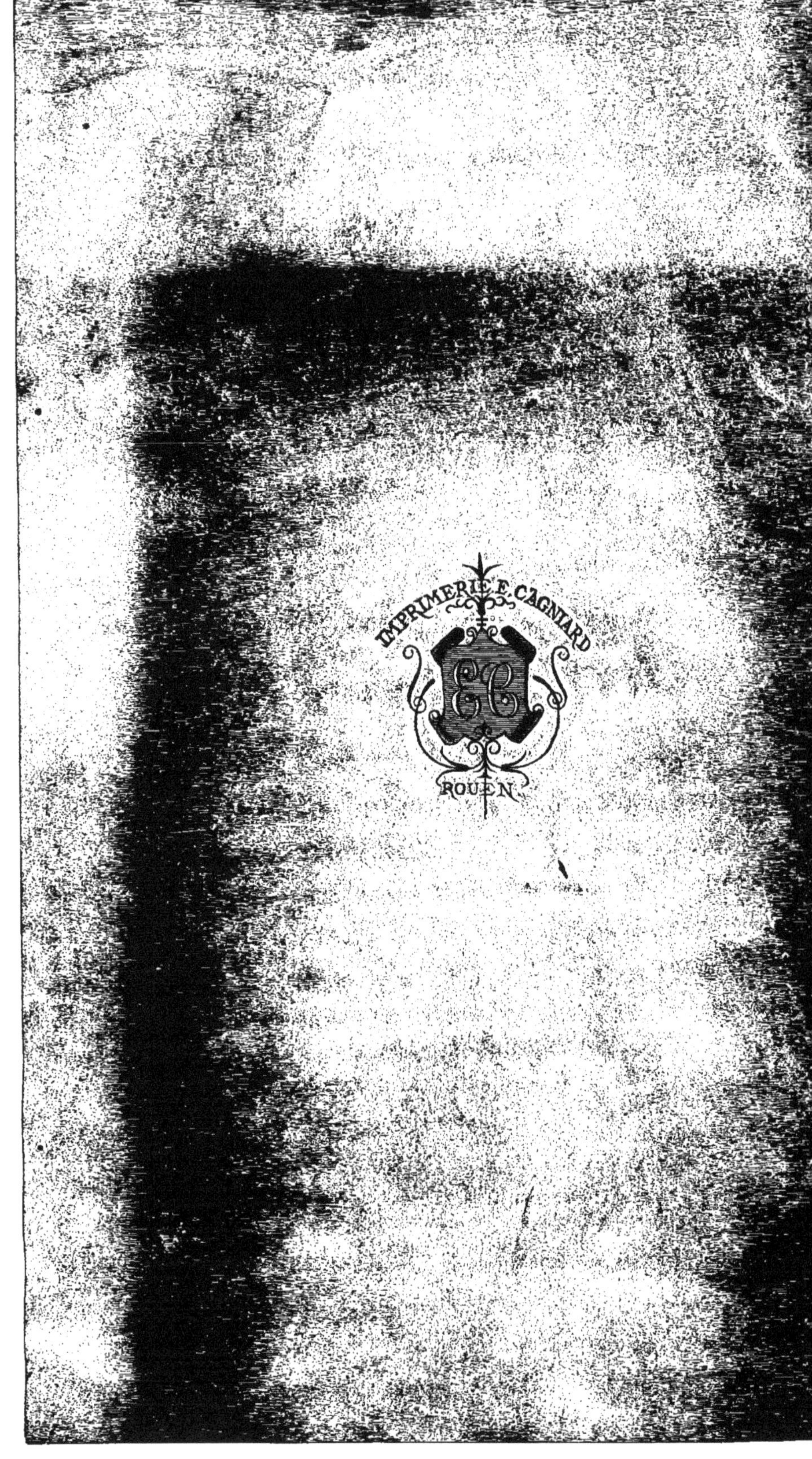

IMPRIMERIE E. CAGNIARD
ROUEN